边境贸易发展法律保障研究

——以内蒙古自治区为例

张时空 著

民族出版社

前　言

我国在陆地上和 15 个国家接壤，是世界上邻国最多的国家。与北边邻国蒙古国、俄罗斯相比，双方在自然资源、劳动力、资本等方面存在着较大的禀赋差异，产业结构具有明显的互补作用。内蒙古自治区横跨东北、华北、西北，连接蒙古国、俄罗斯，正处在双边产业结构差异的中间地带，能够发挥北开南联、东进西出的作用，大力促进其边境贸易发展，可充分利用两种资源、两个市场，充分发挥禀赋和技术比较优势，与毗邻国家形成优势互补的发展态势，促进贸易与投资的便利化，最终实现优势资源、劳动力、资本和技术的自由流动。加快内蒙古边境贸易的发展，必将打造新的区域经济增长极，加速产业经济合理转移，提高当地的经济发展水平，促进整个西部的繁荣和发展，提高我国在东北亚的国际经济地位，促进国内沿边开放战略的实施和国内整体对外开放格局的形成。因此，促进内蒙古边境贸易的发展，不仅关乎着经济和社会的发展，更是对地缘格局的珍惜利用，对民族因素的权衡考量，具有重要的政治、经济和社会意义。

本书立足内蒙古边境贸易，从完善法律保障的角度，分析了有关内蒙古边境贸易发展的问题，共分为五个部分。

第一章描述了内蒙古边境贸易发展的概况。首先概括性地介绍了内蒙古边境贸易发展的基础环境，包括内蒙古边境贸易口岸、边境旗市和边境贸易监管机构。其次，梳理了 1949 年至 2009 年内蒙古边境贸易法律政策发展演变的历程，明确了边境贸易法律政策的特殊性，有助于针对性地制定地方性法律政策。最后，重点探讨了 2005 年至 2009 年内蒙古边境贸易发展的状况，指出加快内蒙古边境贸易发展的必要性和可行性，剖析了内蒙古边境贸易发展的困境和原因，为提出法律保障措施进行了基础性铺垫。

第二章研究了内蒙古边境贸易法的实施情况。边境贸易按照其手续程序、分工管理和经营模式，可以分为贸易结算、检验检疫、进出口税费、国家财政支持、出口加工和贸工一体化等环节。本章按照边境贸易的上述环节，分别进行了探究。首先探究了内蒙古边境贸易金融法制。作者分析了中俄边境贸易本币结算存在的难点和问题，提出了促进对俄本币结算的法律和政策建议。为促进边境贸易和边贸中小企业的发展，还对边境贸易金融服务体系的法律和政策问题进行了探讨。其次探究了内蒙古边境贸易检验检疫法制。作者指出边境贸易进出货物和人员的特殊性，分析了边境贸易检验检疫存在的问题，提出了针对性的法律措施，从而保障了边境贸易的健康发展。最后探究了内蒙古边境贸易财税法制。作者主张创新财税管理体制，支持边境贸易发展，具体包括：建议按照出口退税增长幅度，建立出口退税基数的同步增长机制；落实对边境贸易和边境贸易企业的专项转移支付政策；加大国家财政对边境贸易和小微企业的支持力度；推进和完善边境贸易人民币结算出口退税机制；简化边境贸易外汇核销程序。

第三章研究了内蒙古边境海关特殊监管区的法律保障问题。边境贸易要想做大做强，必须扩展其模式和渠道，实现出口加工转型升级，促进贸工一体化。作者分析了设立满洲里和二连浩特综合保税区的必要性和可行性，提出了建立边境综合保税区的构想，包括申请设立、运行管理、配套措施等，以支撑边境贸易纵深发展。作者还分析了与边民互市贸易区运营有关的法律问题，指出了边民互市贸易区存在的问题，提出了相关的法律建议和政策措施。

第四章研究了内蒙古边境贸易司法保障的问题。边境贸易中难免产生纠纷，如何有效和妥善解决是其重要环节。首先，作者指出了内蒙古边境贸易涉外纠纷产生的原因及其解决途径。其次，作者提出了解决内蒙古边境贸易纠纷的法律对策，包括健全和完善内蒙古边境贸易纠纷的解决机制；与俄谈判解决“灰色清关”等顽疾问题，最终利用 WTO 争端解决机制处理贸易纠纷；加强对俄、蒙边贸经营者的法制宣传教育，增强与蒙古国、俄罗斯的司法交流。

余论为作者对我国有些学者提出的制定边境贸易管理条例的看法和思考。本书并不赞同有些学者的观点，认为没有必要由国务院制定统一的边境贸易管理条例，但内蒙古应充分行使经济自治权，制定更加特殊、灵活的边境贸易政策。这种做法是可行的，也是必要的。

目　录

导 论

一、选题意义

我国在陆地上和15个国家接壤，是世界上邻国最多的国家。由于受自然条件、地理位置和历史发展等因素的影响，我国与北边邻国蒙古国、俄罗斯相比，在自然资源、劳动力、资本等方面存在着较大的禀赋差异，产业结构具有明显的互补作用。如蒙古国、俄罗斯的原木、石油、矿产品、化工产品等自然资源较为丰富，铜矿粉、氧化铝、木材、铁矿粉等均为中国稀缺的资源，而轻工产品则相对落后，机电产品、日用品、食品、纺织品等商品相对欠缺，我国在这些方面则具有优势。由于这种互补作用，所以我国与俄、蒙之间的经济贸易在我国对外经济贸易中占有重要的地位。内蒙古自治区横跨东北、华北、西北，连接蒙古国、俄罗斯，正处在双边产业结构差异的中间地带，能够发挥北开南联、东进西出的作用，其边境贸易在我国北部对外贸易中扮演着重要的进出口代理角色。若能充分发挥内蒙古的地缘优势，加强内蒙古的对外开放，大力发展边境贸易，必将提高当地的经济发展水平，促进整个西部的繁荣和发展，提高我国在东北亚的国际经济地位，促进国内沿边开放战略的实施和国内整体对外开放格局的形成。

建立和完善边境贸易法律制度对促进边境贸易无疑具有重要的作用。20 世纪 90 年代，随着我国对外贸易的增长和加强，对外贸易和边境贸易法制建设都有了很大的进步和发展。但总体而言，目前我国边境贸易法律保障还有待于进一步完善，边境贸易活动大多在相对落后的民族地区开展，民族自治地方的边境贸易自主权还没有充分行使和落实，边境贸易的法律保障滞后于经济发展的规模和速度，具体体现在边贸结算、出口退税、出口检验检疫等方面。本书试图结合内蒙古的有关实践，努力通过对内蒙古边境贸易这个点的全方位研究，有针对性地提出完善边境贸易法律保障的对策，为我国边境贸易提供法律或决策建议。

二、研究现状综述

边境贸易法律保障不足或缺位是制约边境贸易发展的主要因素之一。从现有的文献资料看，绝大多数学者从经济学、国际贸易和金融学的角度来研究边境贸易的现状和发展，只有为数不多的学者从法学角度来研究边境贸易，有关这方面的系统研究成果还不多。

（一）关于内蒙古边境贸易发展的研究成果

从经济学、国际贸易和金融学角度研究边境贸易的成果很多，这类研究成果为本书提供了基础性知识和理论。全国许多省区开展边境贸易，有关研究成果自然硕果累累。但基于本书的需要，笔者只列出总论性的著作和与内蒙古有关的边境贸易研究成果，对其他边境地区的相关论述和分析将不再赘述。

1. 著作、学位论文类相关研究成果

（1）杨清震编著：《中国边境贸易概论》，北京，中国对外经济贸易出版社，2005。该书阐述了中国边境贸易的理论依据和实践依据，总结了其产生和发展的历史经验；论证了中国边境贸易的基础和国内外环境；介绍了边境地区、边境口岸和边境民族的基本情况以及边境贸易的类型和方式；分析了与中国边境贸易有关的市场调研、价格制定、加强管理和提高效益的问题；提出了新世纪边境贸易发展的战略。该书是目前较为系统性分析和论述我国边境贸易总况的著作。

（2）毕冶、李清主编：《中国边境贸易实务》，北京，中国商务出版社，2006。该书从法律、市场营销、金融、信息、保险、运输与物流等不同侧面论述了边境贸易操作的全过程。同时，还根据实际考察的结果，对我国目前边境贸易中存在的问题进行了分析。最后在附件中提供了一些边贸企业实际操作中涉及的合同、发票、箱单等外贸单证，对学习者尽快掌握边境贸易的流程提供了一些帮助。

（3）于国政：《中国边境贸易地理》，北京，中国商务出版社，2005。该书从地理学的角度，探讨了中国边境贸易的理论与实践问题，即从地理学的区域差异性、地理环境、地域系统以及空间关联等不同层次和角度，探讨了中国边境贸易的诸种现象、过程、要素、客体及有关管理问题，为分析内蒙古边境贸易的优势和地位提供了参考和佐证。

（4）马东黎：《内蒙古边境贸易的金融支持研究》，北京，中央民族大学硕士学位论文，2009。该论文从金融机构、政府财政支持、边境贸易资金跨境流动、边贸的外汇政策环境和税收政策环境等方面较详细地介绍了内蒙古边境贸易发展的金融环境，提出了内蒙古边境贸易金融支持存在的五个问题，提出了边境贸易金融支持的具体措施，包括建立多元化的金融体系，依托边贸互市区，给予内蒙古边境贸易倾斜性金融支持政策，发挥政策性金融机构对内蒙古边境贸易的支持作用，鼓励金融机构开展边境贸易跨境结算业务，构建金融业与边贸产业的良性互动，将边境贸易中使用人民币进行计价结算作为推进人民币区域化的一个重要步骤。

（5）郭志芳：《内蒙古边境贸易研究》，呼和浩特，内蒙古农业大学硕士学位论文，2008。该论文指出内蒙古边境贸易的发展对内蒙古，尤其是边境地区经济的发展起着重要的作用，通过对内蒙古重点边境贸易口岸——满洲里和二连浩特口岸贸易趋势、贸易结构的量化研究，以及和当地经济发展指标进行对比，得出发展内蒙古边境贸易的政策性建议。

（6）宋刚：《中俄边境贸易的现状分析和发展建议》，北京，对外经济贸易大学硕士论文，2007。该论文以中俄关系为背景，分析了两国边境贸易存在的问题、发展的潜力以及前景，分三个部分：第一部分主要从政治、经济两个大的领域，宏观和微观两个方面，通过定性和定量相结合，分析中俄边境贸易中存在并长期制约其发展的几个基本问题。通过全面、系统的分析，对中俄边境贸易内在潜力和存在的基本问题进行了客观测评并予以定位。第二部分从经济、政治方面存在的有利条件，分析了中俄边境贸易发展潜力与机遇。经过中俄两国政府和人民的积极努力，已经形成了有史以来最有利于边境贸易发展的外部环境。尽管中国入世对边境贸易的发展产生了一定的副作用，但是从长远发展来看，它会依据自身的经济规律得到新的发展并逐步走向成熟。第三部分通过对中俄边境贸易的发展前景及其与双边政治关系的相互作用的分析，基于几点理论问题并参照目前的发展态势，建议选择边境贸易规模大、发展基础好、口岸设施健全、地缘和交通条件优越、资源富集的地区，辟建自由贸易区，实现“境内关外”自由贸易的发展模式。

（7）冠琼:《内蒙古边境贸易与经济发展研究——以满洲里和二连浩特为例》，呼和浩特，内蒙古师范大学硕士学位论文，2007。该论文指出我国现行的边境贸易政策在一定程度上限制了边境贸易的进一步发展。其突出表现是：第一，边贸政策缺乏连续性和稳定性。第二，在进出口商品管理方面，国家指定经营和核定经营并实行配额和许可证管理的商品，与边境贸易批量小、批次多、范围大和贸易品种的不确定性之间存在较大的矛盾。第三，边境贸易方面的优惠政策还没有落到实处，政策环境还有待于进一步完善。从长远发展看，边境地区经济发展不宜长期依赖不规范的边境贸易，边境贸易的发展也不能长期依赖于优惠政策，应该更多地借鉴国际上的成功经验，把经济贸易区域自由化作为边境地区经济合作的发展模式。

（8）常文娟：《人民币国际化与边境贸易之思考》，载《北方经贸》，2008 年第 9 期。该文指出人民币国际化是指人民币能够跨越国界，在境外流通，成为国际上普遍认可的计价、结算及储备货币的过程。近年来，边境贸易已经成为人民币国际化的推动者。为带动边境贸易发展，应取消边境贸易中的外汇核销制度，进一步放宽贸易项下，人民币出入境限制，确立“地摊银行”在边境贸易中的合法地位；大力发展边境地区经济合作等。

（9）王涵：《我国检验检疫制度发展现状、问题及对策研究》，厦门，厦门大学硕士学位论文，2009。该论文指出，我国在检验检疫工作中的经验不足，标准和制度不够完善，由非关税技术壁垒形成的屏障等，每年给我国带来的经济损失数目很大。进而从经济学角度分析了检验检疫的产生及其数量和成本效应，检验检疫制度的非经济作用机制；介绍了我国检验检疫制度的发展现状，并与美、日检验检疫制度比较，分析了我国检验检疫制度存在的问题；分析了我国加入 WTO 后，我国检验检疫面对 WTO 的相关问题，同时分析了新形势下，我国检验检疫所面临的挑战。最后针对我国检验检疫制度存在的问题和面对的挑战，提出必须加强检验检疫法律、法规制度建设，优化检验检疫的管理体制，推进检验检疫制度的观念更新和科技进步。

（10）徐杰：《构建中俄东部边境自由贸易区的设想》，载《商业经济》，2008 年第 15 期。该文指出目前在中俄东部边境地区建立自由贸易区还只是一个设想。中俄双方政府应借鉴其他较为成功的自由贸易区的经验，总结中俄两国间贸易的经验与教训，在遵循基本原则的前提下，探索中俄东部自由贸易区的开发模式，同时对商贸服务区、进出口加工区、货运仓储区、金融贸易服务区、科技合作园区、文化教育交流区、国际化居住区等进行规划研究。

(11) 赵传君:《创建中俄自由贸易区问题探索》，北京，社会科学文献出版社，2010。该书指出，目前，中国已与东盟、智利、秘鲁等国家签署了自由贸易协定，但与自己的最大邻国，最重要的战略协作伙伴、最具市场潜力的经贸合作伙伴——俄罗斯，却没有实现贸易自由化。作者认为，中俄两国具备建立自由贸易区的基本条件，中俄建立自由贸易区将会产生经济效应、战略效应和区域安全效应。最后，作者对以下问题进行了系统的理论分析和实证研究：中俄建立自由贸易区需要解决的难题和障碍；中俄建立自由贸易区应选择的模式和监管机制；如何加速推进中俄建立自由贸易区的进程。

2. 期刊论文类相关研究成果

于峰、苏利德:《对内蒙古中俄边境贸易本币结算进展缓慢的成因调查》，载《北方经济》，2009 年第 5 期。该文分析了人民币与卢布不能在对方国家边境地区自由流通制约了本币结算的发展，同时中俄银行本币账户单边设置及双边本币不可自由兑换，影响了本币结算的开展。最后指出央行应积极探索边境地区人民币与卢布直接清算的模式，使人民币与卢布既可作为计价货币，也可作为交割货币，为本币结算进一步发展提供保障。

该文指出了中俄两国边境贸易结算存在的核心问题，的确是影响本币结算快速发展的实质性因素。该文成为笔者内蒙古边境贸易金融法制研究中完善本币结算模式的重要参考，笔者从更全面的角度，对推进本币结算的对策进行了分析和论述。

上述成果主要是针对内蒙古边境贸易的状况，从经济贸易理论角度进行了论述。通过阅读和研究以上成果，丰富和充实了笔者的基础性知识和理论，使笔者对全国和内蒙古的边境贸易发展状况有了较为宏观性的把握。尽管有些论文只就所涉及的某些问题进行了探讨，无法顾及全面，但是为本书的深入研究给予了不小的启示和灵感，为本书的架构和思路提供了借鉴和参考，为本书的写作奠定了基础。

（二）关于全国边境贸易法律的研究成果

从法学角度研究全国边境贸易的成果有：

1. 著作、学位论文类相关研究成果

（1）任庆安、汪太贤主编：《边境贸易法学》，昆明，云南科技出版社，1996。该书系统地分析了边境主体、方式、流程、结算以及纠纷解决。该书由于出版年限较早，有些内容已略显老化和陈旧。

（2）潘峰：《中俄边境贸易争端解决机制研究》，哈尔滨，

哈尔滨工程大学硕士学位论文，2008。该论文指出，随着中俄两国边境贸易的不断发展，贸易主体和调整贸易关系的法律关系日趋复杂，尤其是中国加入 WTO 后，俄罗斯在中俄两国经贸往来中不断采取贸易保护措施，将会使中俄两国边境贸易的争端骤然增多。如何妥善解决新形势下，具有新特点的中俄两国边境贸易争端，对于确保中俄两国边境贸易步入规范化、法制化的渠道，按照世贸组织的多边贸易规则开展双边经贸活动，加快经济全球化的进程具有十分重要的意义。该论文通过对中俄两国边境贸易的产生、发展的回顾，分析中俄两国边境贸易争端形成的原因、特点，通过对两国贸易争端解决机制的对比，分析了中俄两国边境贸易争端解决机制方面存在的问题，根据国际法、国际司法、国际经济以及 WTO 等有关理论和知识，提出完善中俄两国边境贸易争端解决机制的建议。

（3）韩星忠:《论中国出入境检验检疫法律制度之完善》，青岛，中国海洋大学硕士学位论文，2011。该论文指出，自改革开放以来，随着经济社会发展以及对外贸易的不断扩大，作为一国外贸政策重要组成部分的出入境检验检疫工作，经历了“三检”并存、“三检”合一和“内外检”合并三个阶段的发展，目前已经形成了以“四法七条例”为主体，国家质检总局规章为补充的出入境检验检疫法律体系。随着外贸形势的发展，出入境检验检疫工作越来越表现出诸多不适应之处。该论文分析了中国出入境检验检疫法律制度在法律层面存在法律冲突、规定滞后、内外检不统一的问题；在具体政策层面存在技术法规、标准体系不健全，法检目录不合理，通关机制不健全等漏洞；在执行层面则存在合格评定程序不完善、进出口控制失衡等现象。最后提出了建立统一的出入境检验检疫法律体系、科学的检验检疫运行体系以及加强国际合作等对策和建议。

（4）田开谷：《我国保税港区法律制度研究》，重庆，西南政法大学硕士学位论文，2010。该论文对我国现行保税港区的法律制度作了较为详尽的介绍。我国现行保税港区的法律制度包括了法律层面的《中华人民共和国海关法》（以下简称《海关法》）、行政法规、部门规章、地方性立法、海关内部规范性文件等各个层次。该论文指出，从 2005 年 6 月 22 日国务院已先后批复设立了十三个保税港区，但法律制度仍不健全和完善，目前保税港区法律制度存在三大不足：缺乏中央层面的专门立法、相关配套法规不健全、各港区管理者不明确。最后，该论文充分总结了其他国家和地区在自由贸易（港）区建设中的立法经验，提出了构建我国保税港区法律制度的设想：由全国人大制定一部统一的保税港区法律——《中华人民共和国保税港区法》，在程序上可先由国务院制定在全国施行的《保税港区管理条例》，然后在国务院设立全国性的保税港区管理机构，再由各部委、各地方政府及相关部门制定相应的配套法规。作者在本部分还对《保税港区管理条例》的立法原则及具体内容做出了较为详细的设计。

总之，排除笔者收集资料的局限性，可见至今还没有一项对内蒙古边境贸易法律保障的系统性研究成果。但有关边境贸易的研究成是较为丰富的，对本书具有一定的借鉴意义。

2. **期刊论文类相关研究成果**

（1）匡爱民：《民族自治地方经济自治权及其行使探析》，载《中央民族大学学报（哲学社会科学版）》，2005 年第 2 期。该文指出，经济自治权的实质是中央或上级国家机关与民族自治地方基本经济权限的划分，是国家经济利益和各民族自治地方经济利益的协调与平衡。法律赋予民族自治地方行使经济自治权的基本精神是加快经济发展。最后提出，民族自治地方要根据实际情况，敢于和善于依法请求上级国家机关依法履行职责；敢于和善于依法行使变通执行或停止执行的自治权；敢于和善于依法制定变通规定或补充规定；保障民族自治地方行使经济自治权的行政法规、部门规章以及自治区自治条例等应尽快颁布、实施，以促进经济发展。

（2）宋才发：《民族自治地方对外贸易自治权再探讨》，载《内蒙古财经学院学报（综合版）》，2007 年第 1 期。该文指出，民族自治地方的对外贸易和边境贸易是我国社会主义商品交换和商品流通在少数民族地区的特殊形式。民族自治地方开展对外贸易具有得天独厚的地缘优势、人缘优势和政策与法律上的优势，法律赋予民族自治地方开辟对外贸易口岸、开展边境贸易的自治权和享受国家优惠政策的贸易自治权，民族自治地方必须服从国家统一的贸易法制，按照 WTO 规则要求，尽快完善对外贸易法治建设。

（3）宋才发：《民族自治地方贸易管理自治权再探讨》，载《贵州民族研究》，2007 年第 1 期。该文指出，民族自治地方的对外贸易和边境贸易是我国社会主义商品交换和商品流通在少数民族地区的特殊形式。民族自治地方开展对外贸易具有得天独厚的地缘优势、人缘优势和政策与法律上的优势。民族自治地方具有开辟对外贸易口岸、开展边境贸易的自治权和享受国家优惠政策的贸易自治权。民族自治地方必须服从国家统一的贸易体制，改进和完善内部管理机制，依法严格管理对外贸易秩序，按照 WTO 规则要求，尽快完善对外贸易法治建设。

（4）黄林：《西藏自治区边境贸易的法律保障分析》，载《黑龙江对外经贸》，2009 年第 2 期。该文指出，我国西藏自治区开展边境贸易具有得天独厚的地理环境优势、政策和法律上的优势，而法律保障是边境贸易成功极其重要的一环，因此，西藏自治区应充分运用法律赋予民族自治地方开辟对外贸易口岸、开展边境贸易和享受国家优惠政策等贸易自治权，切实健全规范边境贸易和保护交易者合法权益的法律环境，以保障西藏自治区边境贸易协调、健康、有序的发展。

（5）黄则力：《当前我国边境贸易检验检疫的法律困境》，载《中国检验检疫》，2007 年第 4 期。该文指出，沿用“大贸”出入境检验检疫法律法规规范边境贸易行为存在缺陷和出入境检验检疫行政权问题，指出现行的检验检疫法律法规不完备，对我国适应多边贸易法律体制的阻碍作用日趋明显，要求从内容到形式上及时调整，完善我国法律法规，建立一整套科学、统一、高效的产品标准化与检验检疫的法律制度体系。

（6）白莉：《中哈霍尔果斯国际边境合作中心法律保障现状及完善构想》，载《新疆社科论坛》，2008 年第 6 期。该文要求制定霍尔果斯口岸的相关条例，成立“合作中心”管理委员会；建立一个共同管理或协调的机构，对“合作中心”区内的交易活动进行管理；为解决“合作中心”双方的贸易纠纷，中哈双方应共同组建相应的仲裁委员会；中哈双方共建“合作中心”官方网站；加强区域经济合作的法律理论与实务研究，为区域经济合作实践提供法律依据。

（7）丁鹏：《西部大开发中内蒙古自治区边境贸易的立法完善》，载《前沿》，2006年第8期。该文指出内蒙古自治区应当根据《中华人民共和国民族区域自治法》的授权，对边境贸易的立法原则和立法内容进行相应的调整与完善，积极推动边境经贸合作区建设，以适应在实施西部大开发战略的进程中，特别是在中国加入世界贸易组织的形势下，内蒙古自治区边境贸易发展的需要。

（8）古丽燕：《新疆边境贸易中存在的法律问题及对策思考》，载《新疆社会科学》，2006年第6期。该文指出随着我国加入WTO和国际贸易的发展，新疆边境贸易出现了一些法律障碍。要保障新疆边境贸易的持续、健康发展，消除制约新疆边境贸易发展的法律障碍，就要在保证国家边境贸易政策与WTO规则相一致的基础上，尽快完善我国的边境贸易法律体系，加强边境贸易法律制度研究和与周边国家相关法律制度的研究，加快民族自治地区边境贸易立法工作。

三、主要研究方法

（一）法律释义和法律解释的方法

内蒙古边境贸易问题的研究涉及金融学、国际贸易、法学等学科。本书结合内蒙古边境贸易发展的实际，以法律保障为视角，对现行的法律规定进行了分析，解读了《中华人民共和国宪法》《中华人民共和国对外贸易法》《中华人民共和国民族区域自治法》中关于边境贸易的规定，以及对制定边境贸易自治条例的指导作用。

（二）实证分析法和实地调查的方法

直接深入到满洲里和二连浩特边贸口岸和法院进行实地调查，了解有关边境贸易的法律运行的最新情况，收集相关案例。然后联系内蒙古边境贸易的相关实践，结合案例，进行实证分析，提出具有针对性的法律建议。

（三）比较分析法

把内蒙古和我国其他地区边境贸易、世界有关国家对边境贸易的法律保障情况做比较分析，借鉴其可贵经验和立法，以完善内蒙古边境贸易法律保障。

四、创新与不足之处

（一）本书的创新之处

由于笔者的能力和水平有限，如果说有完全的创新，那只能是言过其实。如果说有一点创新，那也是笔者站在前人的肩膀上，基于前人研究的成果，进行了些许探索性尝试。

就选题而言，在笔者所知范围内，还没有学者对内蒙古边境贸易从法律保障角度进行全面的研究。这种宽泛的尝试性研究，间或有些弥补空白的可能，但肯定是本书选题的意义和宗旨所在。

就整体框架而言，边境贸易按照其手续程序、分工管理和经营模式，可以分为贸易结算、检验检疫、进出口税费、国家财政支持、出口加工和贸工一体化等环节。本书按照边境贸易的上述环节，分别对其法律保障状况进行了探讨，提出了相关的法律保障措施。从法律运行整体层面来看，本书遵行边境贸易立法、司法和执法的过程。第二章内蒙古边境贸易法的实施研究和第三章内蒙古边境贸易海关特殊监管区法律保障研究兼有立法和执法的内容，第五章内蒙古边境贸易司法保障很明显属于司法层面。余论部分是关于我国边境贸易立法的总体构想。从总体结构框架上来看，到目前为止还没有以这种架构设计来研究内蒙古边境贸易发展的成果。

就具体内容而言，本书试图从法律政策的角度，来探讨边境贸易发展的状况和分析边境贸易存在的问题，旨在从源头上释放活水、在机制上平添灵活。笔者在以下六点进行了适当的拓展和尝试性研究：

1.“边境地区没有形成多元发展、多极支撑的接续替代产业和可持续发展长效机制，缺乏高端产业支撑，企业发展后劲不足”是造成目前内蒙古边境贸易增长缓慢的原因，为此，本书提出完善相关法律，以保障和推动边境贸易健康发展，特别是加快产业升级、促进企业创新，是内蒙古边境贸易发展必须突破的困局和未来发展的方向。

2. 在内蒙古边境贸易金融服务法制建设方面，提出应探索建立区域性国际金融服务中心和开设地方银行，拓宽直接融资渠道，保护合理、合法的民间借贷，全面激活金融市场的竞争。

3. 在内蒙古边境贸易检验检疫法制建设方面，提出实行中蒙、中俄两国边境“一站式”检验检疫服务。

4. 在内蒙古边境贸易财税法制建设方面，建议按照出口退税增长幅度，建立出口退税基数的同步增长机制。

5. 在综合保税区的法律运行构想中，提出内蒙古人民政府应积极申请设立满洲里和二连浩特综合保税区，实现出口加工转型升级，促进贸工一体化，以支撑边境贸易纵深发展。具体包括创新工商管理体系，推进注册资本登记和经营范围登记改革，降低货币出资注册门槛，增加非货币出资方式，扩大非货币出资范畴，鼓励和引导民间资本投资，贯彻落实“新 36 条”，进一步放宽市场准入。

6. 在我国和内蒙古边境贸易立法的思考方面，指出没有必要由国务院制定统一的边境贸易管理条例，但内蒙古应充分行使经济管理自治权，制定更加特殊、灵活的边境贸易政策。

（二）本书的不足之处

限于笔者的能力和水平，本书的不足之处可谓弥多。要想写出一篇高质量的国际贸易法专著，需要较强的法学专业学术功底和多学科知识底蕴，应熟悉和掌握以下学科知识：贸易、金融、税收、财政等经济学内容和质检、诉讼、仲裁、合同等法学内容。笔者把主要精力、心血和热情投入到本书的写作中，经常徜徉在国家图书馆的书海中，查阅浩瀚的年鉴，求证未解之谜团。为了顺利完成本书，专程去满洲里进行调研，在零下三十度的寒冬，体会着拿到资料的兴奋和激动，饱尝着知识分子仅有的奢望和希冀。但是紧张而充实的生活也让我这匹“驽马”略感负重。下面列举其中几点不足之处：

1. 对问题的分析和认识存在表面化和想象化的倾向。边境贸易实践中的问题纷繁复杂、千变万化，因地因时各有不同。由于笔者并没有从事过一线贸易业务，加之实地调研的深度和广度都存在局限，所以研究中较多地依赖手中的文献资料和调查数据，对许多问题的认识还存在着表面化和肤浅化的问题，没有形成非常独到的权威观点和认识。

2. 对边境贸易司法保障研究不够深入。司法保障和纠纷解决应结合具体的案例研究，才能指出其症结所在，针对性地提出有效的解决纠纷的方式和途径。但遗憾的是，笔者经多方努力，也没有获得相关案例，只能有待以后进一步补充研究。

边境贸易法律制度的健全在我国任重而道远，许多问题亟待研究和解决。本书虽已定稿，但写作激情意犹未尽，不断的考问、查阅、求证，激起了笔者求知的热情和欲望。本书的写作只揭开了者整个研究过程的序幕，后面等待我收获的依然很多……

第一章　内蒙古边境贸易发展的概况

第一节　内蒙古边境贸易发展的基础环境

我国是世界上陆地边界线最长、周边邻国最多的国家之一，内陆边界线全长有22 800公里，沿边界线分布着黑龙江、吉林、辽宁、内蒙古、甘肃、广西、云南、西藏、新疆9个省份，涉及135个县、市、旗。边界线外侧分别与朝鲜、越南等15个国家接壤。

内蒙古自治区位于我国北部边疆，总面积118.3万平方公里，约占全国总面积的1/8，东起茫茫的兴安岭和广阔的呼伦贝尔大草原，西至阿拉善沙漠戈壁，中部为锡林郭勒草原和阴山山脉及丘陵地貌，鄂尔多斯和乌拉特高原及黄河河套平原。素有“东林西铁、南粮北牧、遍地矿藏”的美称。内蒙古自治区总人口2326万人，以蒙古族和汉族数量最多，此外，还有朝鲜、回、满、达斡尔、鄂温克、鄂伦春等民族。全区分设3个盟，辖9个地级市，其下又辖15个县级市、17个县、49个旗、3个自治旗，首府为呼和浩特市，包头、集宁、乌海、海拉尔、通辽等为区内主要城市。

内蒙古自治区地形狭长，横跨东北、华北、西北，连接蒙古国、俄罗斯两国。4261 公里的漫长边境线和独特的地理位置使内蒙古在向北开放战略中处于重要的地位。

图 1－1　内蒙古区位示意图

一、内蒙古边境贸易口岸简介

我国的边境贸易分为边境小额贸易和边民互市贸易。边境小额贸易是指有经营权的边境小额贸易企业通过国家指定的陆地边境口岸开展的对外贸易活动。为了更好地了解内蒙古边境贸易的状况，我们有必要先对其边境口岸略做介绍。所谓口岸，是指经国家批准而设置的国家对外开放门户，具有基础设施和查验、监管机构，为人员、货物和交通工具合法出入境提供服务，通常设在港口、车站、机场、通道等处。口岸是发展外向型经济、国际贸易、国际交往和国际旅游业的必要通道，是国家的重要基础设施。口岸是由众多部门组成的跨行业的复杂社会系统，多部门、多行业、多功能是口岸最显著的特点。口岸通常包括四个分工协作、紧密配合的子系统：一是监管系统，包括海关、边防检查、出入境检验检疫等检查检验部门；二是交通运输系统，包括航运、航空、铁路、公路运输和运输管理等部门；三是对外贸易系统，包括进出口企业、代理公司、保税区、保税仓库等企业；四是服务系统，包括对外贸易代理企业、银行、工商、税务等服务机构。

全国口岸按属地分为沿海、内陆、沿边 3 类区域。沿边地区为：黑龙江（24 个口岸）、吉林（15 个口岸）、内蒙古（19 个口岸）、新疆（27 个口岸）、西藏（5 个口岸）、云南（20 个口岸）、广西（19 个口岸）。内蒙古是我国最早开展边境贸易的省区之一，口岸在内蒙古的边境贸易中占有极其重要的战略地位。按照空中、陆地、水运三位构筑设施现代化、服务优质化、功能多样化的国际大通道的口岸建设和发展思路，内蒙古以满洲里、二连浩特两个陆路口岸为重点，各季节性口岸为补充，初步形成了对俄罗斯、蒙古国的全方位、多功能、水陆空立体交叉的口岸开放格局。

内蒙古各对外开放口岸都设有边防、海关、检验检疫等查验机构，负责对当地口岸出入境人员、货物、交通工具的检查、检验、检疫和监管，还设有外贸运输、外贸仓储、代理等服务部门，货物流向全国29个省、市和自治区。各口岸已成为内蒙古边境贸易发展的重要平台和载体，为发展边境贸易创造了良好的条件。

在全区4261公里的边境线上，现有对外开放的口岸19个，其中对俄罗斯开放6个，对蒙古国开放的有10个，还有3个国际航空口岸：呼和浩特航空口岸、海拉尔航空口岸、满洲里航空口岸。这19个口岸分布在边境12个旗（市）以及呼和浩特市和呼伦贝尔市。

“内蒙古从2005年到2009年口岸总成交额约达238.2亿美元，其中我区最大的两个口岸，即满洲里口岸和二连口岸的成交额占总成交额的96.3%，满洲里口岸占总成交额的44.1%，二连口岸占总成交额的52.2%。”①

（一）中俄边境口岸

内蒙古与俄罗斯的边界线有1051公里（水界900多公里、陆界100多公里），现有6个口岸对俄罗斯开放，沿边境线由北到南依次为：室韦公路口岸（呼伦贝尔市额尔古纳市，双边性常年开放）、黑山头公路口岸（呼伦贝尔市额尔古纳市，双边性常年开放）、胡列也吐水运口岸（呼伦贝尔市陈巴尔虎旗，未正式开放）、二卡公路口岸（满洲里市，未正式开放）、满洲里铁路口岸（满洲里市国际性常年开放）、满洲里公路口岸（国际性常年开放）。其中，胡列也吐水运口岸和二卡公路口岸为二类口

① 徐睿霞：《全区法院边境贸易案件审判工作整体情况通报》，1页，2011年5月6日在内蒙古全区法院中蒙俄边境贸易纠纷理论与实务研讨会上的讲话稿。

岸（自治区批准），其余4个口岸为一类口岸（国务院批准）。

1. 满洲里口岸

对俄口岸中最大的是满洲里铁路口岸。其始建于1903年，1907年正式开设商埠，至今已有100多年的历史，位于中俄边界41号界碑附近。满洲里铁路口岸是目前我国规模最大、通关能力最高的铁路口岸，也是全国重点建设和优先发展的两个铁路口岸之一。该口岸货运业务包括两个方面：一是直接承担进出口货物的国际联运，目前满洲里外运公司是我国唯一承担国际集装箱运输的陆运公司；二是负责国内货运，铁路口岸与俄罗斯相接，进口货物在满洲里车站换装，出口货物在与其对应的俄罗斯赤塔州的后贝加尔斯克铁路口岸换装。

1998年批准设置的满洲里公路口岸，与俄罗斯后贝加尔斯克公路口岸相连接，位于中俄边界42号界碑附近，是我国目前规模较大，唯一实行24小时通关制度和集通关、监管、查验、仓储、运输、生活服务于一体，一次性完成报检报关、税费征缴等业务的国际公路口岸。日均进出境车辆1300余辆，出入境人员8000~10000人，年货运量为600万吨。根据2010年3月中俄海关总署口岸工作组签署的《后贝加尔斯克公路口岸扩建和货运通道项目建设工作会谈纪要》，俄罗斯启动了公路口岸扩建工程，实现与满洲里公路口岸货检区域的对外开通，双向扩能提效。满洲里铁路口岸和公路口岸是国际性常年开放口岸，承担着中俄贸易65%以上的陆路运输任务，对外贸易占全国与周边国家边境贸易的23%，口岸出入境人员占全国对俄口岸的35%，口岸货运量始终雄居全国同类口岸之首。

表 1－1　2006－2009 年满洲里海关进出口商品总值表

单位：千美元

年份	进出口总值	全国进出口总值占比	出口	全国出口总值占比	进口	全国进口总值占比
2006	6 795 754	0.4%	588 984	0.1%	6 206 770	0.8%
2007	8 730 895	0.4%	1 162 261	0.1%	7 568 634	0.8%
2008	10 931 635	0.4%	1 314 650	0.1%	9 616 985	0.8%
2009	6 786 800	0.3%	667 924	0.1%	6 118 876	0.6%

根据历年《中国海关统计年鉴》（中华人民共和国海关总署编）的相关数据整理所得。

2. 其他对俄边境口岸

室韦公路口岸位于中俄界河额尔古纳河中游东端，呼伦贝尔市额尔古纳市境内，中俄边界 111 号界碑处，与俄罗斯赤塔州的奥落契口岸相对，两口岸相距仅 1 公里。1988 年批准为临时过货点，1989 年 4 月批准为国家一类口岸，1991 年 2 月正式对外开放。与室韦公路口岸相对应的奥洛契口岸，辐射赤塔洲东北部九个区市，矿产资源丰富，以黄金开采最为发达，铅、铁、铜等矿产资源亦有相当储量，特别是森林资源极其丰富，木材蓄积量达 4.5 亿立方米。俄罗斯由于经济发展的需要，想急切开发东北部资源，为室韦公路口岸的发展提供了契机。室韦公路口岸与国内莫尔道戈铁路相距 90 公里，是对俄开放的一个非常便利的通道。

黑山头公路口岸位于呼伦贝尔市额尔古纳市境内，中俄边界 91/1（双立）界碑附近，西隔中俄界河，与俄罗斯赤塔州的旧粗鲁海图口岸相望，两口岸垂直相距 1.5 公里。1989 年国务院正式批准黑山头公路口岸为国家一类口岸。黑山头公路口岸通过公路与滨洲线海拉尔市铁路相连，约 120 公里，与对应的俄罗斯口岸城市多萨图伊市仅相距 20 公里。黑山头口岸的地理位置优越，是中俄双方通商往来的便捷通道。

胡列也吐水运口岸位于呼伦贝尔市陈巴尔虎旗，中俄边界 84 号界碑附近，以额尔古纳河为界，与俄罗斯赤塔州的凯拉斯堆口岸隔河相望。胡列也吐水运口岸现未正式开放。该口岸距海拉尔通往满洲里的 301 国道及滨洲铁路最近处只有 30 公里。额尔古纳河上可航行百吨货船。胡列也吐水运口岸的对面是俄罗斯赤塔州红石区，拥有 10 万人口，是俄罗斯在远东地区重要的原子工业原料基地。该地只有重工业，缺乏轻工业产品、农产品，劳动力短缺。

二卡公路口岸位于满洲里市境内，中俄边界 67 号界碑附近，对应口岸为俄罗斯赤塔州的阿巴该图口岸。中俄两国政府于 1994 年 1 月在平等、互利的基础上，签订了《关于中俄边境口岸协定》，共同确定开放二卡双边公路货物运输口岸。目前，该口岸未正式开放。

（二）中蒙边境口岸

内蒙古与蒙古国的陆路边界线长约 3210 公里，有 10 个口岸对蒙古国开放：二连浩特铁路口岸（二连浩特市，国际性常年开放），二连浩特公路口岸（二连浩特市，国际性常年开放），阿日哈沙特公路口岸（呼伦贝尔市新巴尔虎右旗，双边性季节开放），珠恩嘎达布其公路口岸（锡林郭勒盟东乌珠穆沁旗，国际性常年开放)，甘其毛道公路口岸（巴彦淖尔市乌拉特中旗，双边性常年开放)，阿尔山公路口岸（兴安盟阿尔山市，国际性季节开放)，策克公路口岸（阿拉善盟额济纳旗，双边性常年开放)，满都拉公路口岸（包头市达尔罕茂明安联合旗，双边性季节开放)，额布都格公路口岸（呼伦贝尔市新巴尔虎左旗，双边性季节开放)，巴格毛都公路口岸（巴彦淖尔市乌拉特后旗)。

其中有5个一类口岸、5个二类口岸。5个一类口岸分别是二连浩特铁路口岸、二连浩特公路口岸、阿日哈沙特公路口岸、珠恩嘎达布其公路口岸、甘其毛道公路口岸；5个二类口岸分别是阿尔山公路口岸、策克公路口岸、满都拉公路口岸、额布都格公路口岸、巴格毛都公路口岸。

1. 二连浩特口岸

二连浩特铁路口岸于1956年建成，并正式开通中蒙俄国际铁路联运。二连浩特铁路口岸位于中蒙边界815/1、2号双立界碑附近，与蒙古国东戈壁省的扎门乌德口岸对应，是我国通往蒙古国最大的和唯一的铁路口岸和我国连接欧亚最便捷的陆路通道，主要担负我国与蒙古国的直接贸易以及与俄罗斯的过境贸易，主要办理国际铁路客货联运、进出口车辆交接、进出口货物交接换装和国内客货运输业务。二浩特连铁路口岸通过京包、京山线，与天津港相连，也是日本、东南亚及其他邻国开展对蒙古国、俄罗斯及东欧各国转口贸易的理想通道。作为蒙古大陆桥的重要战略枢纽之一，二连浩特铁路口岸也是蒙古国与我国达成协议，走向出海口的唯一通道。

目前，二连浩特铁路口岸是全国第四大陆路口岸，其与内部经济带联系非常广阔，以二连浩特为终点的集二线，以集宁为枢纽，向东经北京、天津，与环渤海经济区相连，向西经呼和浩特、包头，与自治区中西部经济区相通，向南经大同，与山西等能源基地相连，向北与地方铁路集通线贯通，与东北经济区对接。

二连浩特公路口岸位于中蒙边界 815/1、2 号双立界碑附近，与蒙古国东戈壁省的扎门乌德口岸对应，于 1992 年开通试运营，2000 年 6 月改造、扩建，2009 年公路口岸进出境货运量达 84 万吨，进出境客运量达 122 万人次。

2. 其他对蒙边境口岸

阿日哈沙特公路口岸位于呼伦贝尔市新巴尔虎右旗境内，中蒙边界 1495 号界碑处，对应口岸是蒙古国东方省的哈比日嘎口岸。1989 年 9 月经内蒙古自治区人民政府批准，开辟阿日哈沙特为对蒙边境临时过货点。随着中蒙两国贸易的发展，1992 年 3 月该口岸被批准为一类季节性口岸，2010 年实现常年开放。阿日哈沙特口岸辐射的蒙古国东部三省（东方省、苏赫巴特省和肯特省）资源和自然生态条件富集，经济发展相对滞后，部分轻工品难以满足自给，特别是粮食和蔬菜需要大量进口。2009 年，该口岸过货量达 7.4 万吨，出入境人员达 3.2 万人次。现今，阿日哈沙特口岸由阿日哈沙特边防检查站、满洲里海关和满洲里出入境检验检疫局实施监管和查验工作。

珠恩嘎达布其在蒙古语中意为“东方的门槛”，是中蒙两国人民友好往来的重要通道，在蒙古国有很高的知名度。珠恩嘎达布其公路口岸位于锡林郭勒盟东乌珠穆沁旗境内，中蒙边界1046号界碑附近，与蒙古国苏赫巴托省的毕其格图口岸对应。1992年，该口岸被批准为国家一类季节性口岸，2006年8月，经国务院批准为国际性常年开放的边境陆路口岸。珠恩嘎达布其公路口岸地处二连浩特口岸和满洲里口岸的中间地段，可辐射到蒙古国有色金属、石油、煤炭等矿产资源富集的苏赫巴托、东方和肯特等三省。一条由俄罗斯赤塔—博尔贾到蒙古国乔巴山，经珠恩嘎达布其公路口岸到锦州港出海，具有明显区位和运距优势的“新—珠—乔”铁路线正在建成，新的欧亚大陆桥即将形成。珠恩嘎达布其公路口岸也将成为继满洲里、二连浩特口岸之后，内蒙古又一连通欧亚的重要枢纽。“2010年上半年，口岸进出境货运量实现14.4万吨，进出口货值4.17亿元，进出境人员2.3万人次，进出境交通工具1.6万辆次。”①

甘其毛道公路口岸位于巴彦淖尔市乌拉特中旗境内，中蒙边界703号界碑附近，与蒙古国南戈壁省的嘎舒苏海图口岸对应。1989年12月，该口岸被自治区政府批准为对蒙边境贸易临时过货点。1992年6月，经国务院批准为季节性双边口岸，2007年8月，批准升格为双边性常年开放边境公路口岸。“2010年1—6月进出境货运量达309万吨，贸易总值达2.93亿元，出入境人员11万人次，出入境车辆7.4万辆次。”② 该口岸距离巴彦淖尔市临河市240公里，为南戈壁的畜产品销往临河市皮毛绒批发销售中心提供了便捷的通道。

① 内蒙古商务厅口岸办编：《内蒙古口岸》，10页，2010。

② 内蒙古商务厅口岸办编：《内蒙古口岸》，10页，2010。

阿尔山公路口岸位于兴安盟阿尔山市境内，中蒙边界 1382 号界碑附近，对应口岸为蒙古国东方省的松贝尔口岸。早在 1947 年，内蒙古就曾在阿尔山设立办事处，负责赴蒙的双边贸易事宜。1992 年，该口岸被批准为国家二类口岸，不定期开放，2004 年升格为国际性季节开放口岸。阿尔山公路口岸是联合国开发计划署规划建设的“两山”（阿尔山—蒙古国乔巴山）铁路的起点和“两伊”（伊尔施—伊敏河）铁路的枢纽。阿尔山铁路与蒙古国塔木察格布拉克铁路的直线距离约为 200 公里（中国段不足 20 公里）。阿尔山铁路与塔木察格布拉克铁路的连接贯通，把蒙古国东方省与阿尔山—白城—吉林—延吉—珲春—图们江连成一线，为图们江开发的有效实施提供了新的通道。图们江开发项目是 1991 年联合国开发计划署安排的多国合作开发项目，旨在地区资源的综合开发和能源交通的协调建设。这一项目包括蒙古国的东部地区，中国内蒙古的东部盟市、东三省，俄罗斯的远东地区和日本、朝鲜、韩国。阿尔山公路口岸将为未来东北亚区域的多国合作奠定良好的基础，也将为北半球新兴经济区域的形成作出积极的贡献。

最西部的一个边境口岸是策克公路口岸，位于阿拉善盟额济纳旗境内，中蒙边界 572 号界碑附近，距额济纳旗府所在地达来呼布镇 76 公里，与蒙古国南戈壁省的西伯库伦口岸对应，对外辐射蒙古国南戈壁、巴音洪格尔、戈壁阿尔泰、前杭盖、后杭盖 5 个矿产资源较为富集的省区，是内蒙古西部及陕、甘、宁、青四省区共有的陆路口岸。该口岸经内蒙古自治区政府批准于 1992 年开通，属双边性季节口岸。2005 年 6 月，经国务院批准为中蒙双边性常年开放陆路边境口岸，分设公路通道和铁路通道。“2010 年上半年，策克口岸进出口贸易额 2.93 亿美元；口岸货运量为 309 万吨，比 2009 年同期增长 234%。”① 嘉—策（嘉峪关—策克）铁路和临—哈铁路东段临河至策克铁路经达镇段的投入运行，把策克公路口岸贯通到中国东西部的兰新铁路干线，使其成为连接蒙古国南戈壁等省与中国中西部地区贸易的最便捷通道。

满都拉公路口岸位于包头市达尔罕茂明安联合旗境内，中蒙边界 757 号界碑处附近，与蒙古国东戈壁省的杭吉口岸相对应。该口岸是 1992 年经自治区政府批准的季节性开放口岸，也是包头市唯一的对外开放口岸，2009 年，经国务院批准升格为一类双边性季节开放口岸。目前白云鄂博—满都拉—蒙古珠恩巴音铁路和境外公路正在修建，力争在“十二五”期间把满都拉公路口岸发展成为常年开放口岸。

额布都格公路口岸位于呼伦贝尔市新巴尔虎左旗境内，中蒙边界 1423/1（双立）界碑附近，与蒙古国东方省的巴彦胡舒口岸对应，以哈拉哈河为界，2005 年双边口岸大桥建成通车。额布都格公路口岸于 1991 年被批准设立为临时过货点，1992 年、2009 年分别升格为二类季节性开放口岸和一类双边季节性公路客货运输口岸。世界上最早的立体式战争——诺门罕战争（蒙方称哈拉哈河战役）的主战场大部分在蒙古国境内，战场原貌保留完好，战争遗物随处可见，并建有诺门罕战争博物馆、

① 内蒙古商务厅口岸办编：《内蒙古口岸》，11 页，2010。

纪念塔和纪念碑，拥有怒木日格原始森林、莫能大草原及草原野生黄羊群等自然景观。蕴含着历史、人文、生态的蒙方景点极具旅游开发价值，使得额布都格公路口岸具有了广阔的发展前景。

巴格毛都公路口岸位于巴彦淖尔市的乌拉特后旗境内，中蒙边界679号界碑附近，对应蒙古国南戈壁省的布敦毛都口岸。经内蒙古自治区政府批准设立，目前未正式对外开放。

（三）内蒙古航空口岸

呼和浩特航空口岸位于呼和浩特白塔国际机场，机场名称中的“白塔”得名于附近的白塔古迹。白塔国际机场位于呼和浩特市区东郊9公里处，于1958年10月1日建成通航，1991年12月，国务院批准该机场为国家航空口岸机场，1992年3月正式对外开放，同年国际民航组织确定该机场为中国大陆14个国际定期航班机场之一。白塔国际机场经1986年、1996年、2004年进行了大规模扩建。目前，呼和浩特白塔国际机场运营航线42条，其中正式国际航线有1条：呼和浩特—乌兰巴托，国际临时航线有3条：呼和浩特—俄罗斯、呼和浩特—烟台—韩国济州岛、呼和浩特—郑州—香港。凭借距离北京首都国际机场较近的地理优势，白塔国际机场成为覆盖我国华北、西北等地的区域性航空枢纽和国内沿海地区到俄罗斯、蒙古国的中转枢纽。

海拉尔航空口岸位于海拉尔东山机场，距市区3公里，为内蒙古自治区主要机场。海拉尔历史悠久，始建于1932年，

20世纪50年代曾是北京—赤塔、平壤—赤塔两条国际航线的经停站，1955年苏方将股份移交中方，由中方单独经营，1959年该航线取消，口岸随之关闭。1993年7月国务院批复同意海拉尔航空口岸对外开放，1996年5月正式开通了海拉尔—赤塔航线，2009年8月，海拉尔至蒙古国乌兰巴托正式通航，次年海拉尔到乔巴山国际航线开通。海拉尔航空口岸是国务院批准的一类客运口岸，也是我国与俄蒙两国之间便捷的空中通道之一。

满洲里航空口岸位于满洲里西郊机场。满洲里西郊机场于2004年末投入使用，年吞吐能力100万人次，相继开通了满洲里至北京、三亚、广州等十余条国内航线。满洲里航空口岸于2005年起实现临时对外开放，2009年2月经国务院批准正式对外开放，相继开通了满洲里—伊尔库茨克（俄罗斯）、满洲里—赤塔（俄罗斯）的临时国际航线和满洲里—伊尔库茨克（俄罗斯）的国际客运航线。

二、内蒙古边境旗市简介

我国的边境贸易分为边境小额贸易和边民互市贸易。边境小额贸易是指有经营权的边境小额贸易企业，在经国家批准的对外开放的边境县（旗）、边境城市辖区内，通过国家指定的陆地边境口岸，开展对外贸易活动。边境小额贸易企业必须在被批准的口岸所在旗（县、市）登记注册后，备案，方可进行边境贸易活动。因此有必要对内蒙古的边境旗（县、市）略作介绍。在内蒙古4261公里的边境线上，散布着7个盟市、18个旗（市）。18个旗（市）中有2个计划单列市和10个旗（市）有边境口岸。在边境旗（县、市）中，满洲里和二连浩特2个计划单列市占有重要地位，被国家列为沿边开放城市，对此做重点介绍。

（一）沿边开放城市

为了开展对外经济合作与技术交流，引进外资与先进技术，扩大出口和吸收外汇的能力，继1984年国务院批准14个沿海城市为全国首批对外开放城市后，1992年我国进一步开放设立了13个沿边城市，二连浩特和满洲里位列其中，被国务院批准为中国首批沿边开放城市。满洲里和二连浩特水陆交通便利，内外与比较发达的公路、铁路和江河运输网络相连，正在逐步发展成为中国对外经济关系的窗口和内外经济技术交流的枢纽。

1. 满洲里

满洲里市位于内蒙古呼伦贝尔大草原西部，北接俄罗斯，西邻蒙古国，是我国最大的沿边陆路口岸城市，是我国通往俄罗斯等独联体国家和欧洲最为重要、经济、便捷的陆海联运大通道，享有“东亚之窗”的盛誉。全市总面积为730平方公里，总人口有30万人，居住着蒙古、汉、回、朝鲜、鄂温克、鄂伦春、俄罗斯等20多个民族。满洲里市是自治区级计划单列市，下辖国家大型煤炭工业能源基地——县级行政区扎赉诺尔区，两个国家级开发区——边境经济合作区和中俄互市贸易区，两个自治区级开发区——东湖区和产业园区。

满洲里是一座拥有百年历史的口岸城市，地处亚欧第一大陆桥的交通要冲，历史上就是亚欧交往的重要商埠，素有“东亚之窗”的美誉。满洲里是欧亚陆路大通道上的重要枢纽，承担着中俄贸易70%以上的陆路运输任务。改革开放以来，特别是国家实施西部大开发后，满洲里充分发挥欧亚陆路大通道的综合优势，实施链接俄蒙、融入东北、服务全国、面向东北亚战略，经济社会实现跨越式发展。“‘十一五’期末，全市生产总值达到127亿元，年均增长16.2%，城镇人均可支配收入达到1.8万元，年均增长12.5%。”①

目前，满洲里的产业基础日益夯实，形成了国际贸易、跨境旅游、进出口加工、能源开发转化等口岸特色产业。立体化口岸疏运体系不断完善，铁路口岸换装能力达到7000万吨，公路口岸年通关能力达到600万吨，航空口岸开放层次大幅提升。与俄罗斯、蒙古、日本、韩国等40多个国家和地区建立了广泛的经贸关系，构建了全方位、多层次、宽领域的对外开放格局。社会事业全面进步，荣获了全国文明城市、全国双拥模范城、中国魅力城市、中国优秀旅游城市、国家生态示范区等殊荣。满洲里已成为沿边，乃至西部地区经济社会发展成效最为显著的城市之一。

---

① 满洲里市统计局编：《满洲里市2010年国民经济和社会发展统计公报》，颁布日期：2011年2月17日。

表1－2　满洲里进出口商品总值表（按经营单位所在地统计）

单位：千美元

年份	进出口总值	占内蒙古进出口总值比重%	占全国进出口总值比重%	出口	占内蒙古出口总值比重%	占全国出口总值比重%	进口	占内蒙古进口总值比重%	占全国进口总值比重%
2006	1 916 130	32.15	0.1	69 974	3.27	0.0	1 846 156	48.32	0.2
2007	2 436 838	31.50	0.1	117 941	4.00	0.0	2 318 898	48.40	0.2
2008	2 647 914	29.69	0.1	175 718	4.89	0.0	2 472 197	46.41	0.2
2009	2 131 483	31.47	0.1	193 699	8.37	0.0	1 937 738	43.46	0.2

a. 经营单位所在地指有进出口经营权的企业的报关注册登记地。b. 根据历年《中国海关统计年鉴》（中华人民共和国海关总署编）的相关资料整理所得。

表1－3　满洲里进出口商品总值表（按境内目的地/货源地统计）

单位：千美元

年份	进出口总值	内蒙进出口总值占比%	全国进出口总值占比%	出口	内蒙出口总值占比%	全国出口总值占比%	进口	内蒙进口总值占比%	全国进口总值占比%
2006	1 437 015	23.51	0.1	14 316	0.53	0.0	1 422 700	41.62	0.2
2007	2 161 153	23.77	0.1	19 851	0.52	0.0	2 141 301	40.50	0.2
2008	2 313 641	22.18	0.1	62 399	1.36	0.0	2 251 242	38.58	0.2
2009	1 903 915	20.12	0.1	63 174	1.65	0.0	1 840 741	32.73	0.2

a.“境内目的地”指该地是进口货物的消费、使用地或最终运抵地。“境内货源地”指该地是出口货物的产地或原始发货地。b. 根据历年《中国海关统计年鉴》（中华人民共和国海关总署编）的相关资料整理所得。

随着经济全球化和区域经济一体化的深入发展，中俄、中蒙战略协作伙伴关系和睦邻友好关系更加紧密。特别是国家新一轮西部大开发战略的深入实施，满洲里作为中国振兴东北、俄罗斯开发远东及后贝加尔地区两大战略对接的重要支点，引领和带动向北开放战略升级的历史使命更加凸显。

2. 二连浩特

“二连浩特”是蒙古语的汉译音，意为斑斓湖之城，得名于二连盐池。二连盐池在蒙古语中意为“额仁达布散淖尔”，意为“色彩斑斓的盐湖”，是牧人对荒漠戈壁的海市蜃楼景色的美好描述。二连浩特市地处内蒙古正北部，与蒙古国扎门乌德市隔界相望。目前，二连浩特市是中国重要的进出口商品集散地，中国对蒙开放的最大陆路口岸，也是我国实施向北开放战略的重要窗口和我国最便捷的欧亚大陆桥的“桥头堡”，在国家、自治区深入实施向北开放战略中发挥着极其重要的作用。二连浩特市于1986年3月被国务院批准为甲类开放城市，内蒙古自治区政府批准二连浩特为计划单列市。1992年7月，国务院批准二连浩特为全国13个沿边开放城市之一。

党和国家领导人多次视察二连口岸并做出重要指示。胡锦涛同志视察二连浩特时提出了在边字上做文章，在开放上下功夫，在内联上求发展的指示精神。在经济全球化、区域经济一体化的发展形势下，根据二连口岸的基础条件和经济发展的实际需要，应充分利用二连口岸的优势，进一步完善口岸服务功能，全面提升二连口岸国际竞争力，更好地发挥东联、北开、西出的战略地位，全面提高我国向北开放水平。

表 1-4　二连浩特进出口商品总值表（按经营单位所在地统计）

单位：千美元

年份	进出口总值	占内蒙古进出口总值比重%	占全国进出口总值比重%	出口	占内蒙古出口总值比重%	占全国出口总值比重%	进口	占内蒙古进口总值比重%	占全国进口总值比重%
2006	779 170	13.07	0.0	87 562	4.09	0.0	691 608	18.10	0.1
2007	878 949	11.36	0.0	129 907	4.41	0.0	749 042	15.63	0.1
2008	912 504	10.23	0.0	191 094	5.32	0.0	721 411	13.54	0.1
2009	943 677	13.93	0.0	495 644	21.40	0.0	448 033	10.05	0.0

a. 经营单位所在地指有进出口经营权的企业的报关注册登记地。b. 根据历年《中国海关统计年鉴》（中华人民共和国海关总署编）的相关资料整理所得。

表 1-5　二连浩特进出口商品总值（按境内目的地/货源地统计）

单位：千美元

年份	进出口总值	内蒙古进出口总值占比%	全国进出口总值占比%	出口	内蒙古出口总值占比%	全国出口总值占比%	进口	内蒙古进口总值占比%	全国进口总值占比%
2006	603 403	9.87	0.0	67 037	2.49	0.0	536 366	15.69	0.1
2007	742 774	8.17	0.0	97 275	2.56	0.0	645 499	12.21	0.1
2008	850 254	8.15	0.0	143 444	3.12	0.0	706 810	12.11	0.1
2009	1 084 790	11.46	0.0	481 025	12.53	0.0	603 765	10.73	0.1

a. “境内目的地”指该地是进口货物的消费、使用地或最终运抵地。“境内货源地”指该地是出口货物的产地或原始发货地。b. 根据历年《中国海关统计年鉴》（中华人民共和国海关总署编）的相关资料整理所得。

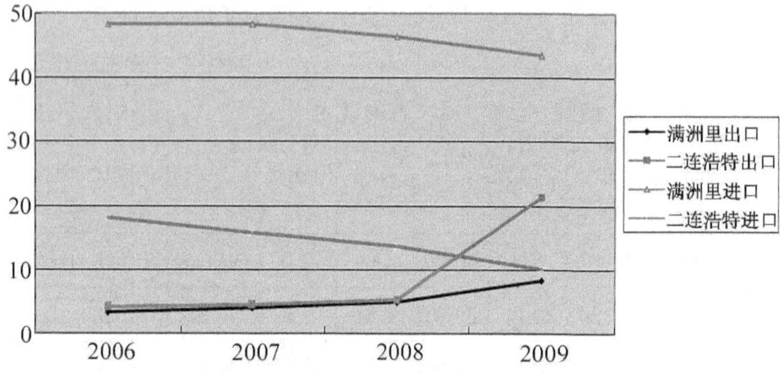

图 1－2　2006—2009 年满洲里和二连进出口总值在全区中占比（按经营单位所在地统计）

（二）其他边境旗市

内蒙古与俄罗斯和蒙古国接壤的 18 个边境旗（市）中，除二连浩特和满洲里 2 个计划单列市外，另有 10 个已批准设立边境口岸，其他 6 个旗到目前为止还没有批准开辟口岸。其中有口岸的新巴尔虎左旗、新巴尔虎右旗在边境上同时与俄罗斯和蒙古国交界。18 个边境旗（市）详见表 1－6。目前，以满洲里市、二连浩特市为核心，以其他对俄、蒙边境旗（市）为辐射点的布局合理的内蒙古沿边开放带已粗具规模。

表 1－6　内蒙古边境旗（市）一览表

接壤国	边境线长度（公里）	边境旗（市）	
		计划单列市	边境旗（县级市）
俄罗斯	1051	呼伦贝尔市、满洲里市	呼伦贝尔市：额尔古纳市、陈巴尔虎旗、新巴尔虎右旗、新巴尔虎左旗

续表

接壤国	边境线长度（公里）	边境旗（市）	
		计划单列市	边境旗（县级市）
蒙古国	3210	锡林郭勒盟、二连浩特市	呼伦贝尔市：新巴尔虎右旗、新巴尔虎左旗；兴安盟：阿尔山市；锡林郭勒盟：东乌旗、阿巴嘎旗、苏尼特左旗、苏尼特右旗；乌兰察布市：四子王旗；包头市：达茂旗；巴彦淖尔市：乌拉特中旗、乌拉特后旗；阿拉善盟：阿拉善左旗、阿拉善右旗、额济纳旗

资料来源：内蒙古商务厅口岸办。

三、内蒙古边境贸易监管机构简介

为了与内蒙古对外开放和外贸发展相适应，在内蒙古设有呼和浩特、满洲里两个直属海关和内蒙古出入境检验检疫局、内蒙古公安边防部队等联检部门，负责对当地口岸出入境人员、货物、交通工具的检查、检验、检疫和监管。内蒙古公安边防总队下辖12个边防检查站，担负着19个对外开放口岸的出入境边防检查、监护及限定区域管控、警戒的任务。现就海关、出入境检验检疫局两个监管机构略作介绍。

（一）呼和浩特海关和满洲里海关

海关的职责是依照《海关法》和其他有关法律、法规，监管关区内的进出境运输工具、货物、行李物品、邮递物品和其他物品，征收关税和其他税费，查缉走私，编制海关统计和办理其他海关业务。

呼和浩特海关是国家批准设立的进出境监督管理机关，业务辖区为内蒙古自治区中西部的呼和浩特市、包头市、鄂尔多斯市、乌海市、巴彦淖尔市、乌兰察布市、锡林郭勒盟、阿拉善盟，共8个盟（市），边境线长2400多公里，关区面积72万平方公里。辖区内分布有珠恩嘎达布其公路、二连公路和铁路、甘其毛都公路、策克公路、呼和浩特航空港等5个常年开放口岸和满都拉公路中蒙季节性开放口岸，海关管理格局总体呈现“点多线长”的特点。经国务院批准，呼和浩特海关于1991年7月正式挂牌对外开办业务，机构级别为副厅（局）级。随着辖区内外向型经济的繁荣发展，呼和浩特海关于2000年12月升格为正（厅）局级。“截至2010年底共有海关警员453人，设有内设部门14个、隶属机构6个、派驻机构2个、事业单位2个。1991—2010年，关区监管货运量从36.3万吨增加到2701.5万吨，税收从0.92亿元增加到49.27亿元。”①

满洲里海关是我国陆路口岸最早设立的口岸海关之一，从1908年2月满洲里分关成立，历经清末、民国等几个历史时期，在1949年1月成立了满洲里关税局。伴随着中苏关系的跌宕起伏，满洲里关税局也经历了从繁华到萧条的巨变。1982年以后，中苏关系趋暖，满洲里口岸业务量迅速回升。1995年，国务院批准满洲里海关为副局级，2004年1月升格为正局级海关。满洲里海关辖区内中俄边境线长1012公里、中蒙边境线长807公里。关区内有一类口岸6个（分别是室韦口岸、黑山头口岸、

① 内蒙古商务厅口岸办编：《内蒙古口岸》，15页，2010。

满洲里铁路口岸、满洲里公路口岸、阿日哈沙特公路口岸、海拉尔航空口岸），二类口岸3个（分别是二卡公路口岸、额布都格公路口岸和阿尔山公路口岸）。满洲里海关现设有33个部门，其中有1个副厅级内设机构、15个正处级内设机构，3个正处级机构，3个事业单位，2个隶属海关（海拉尔海关、额尔古纳海关、阿尔山海关），4个办事处（驻车站办事处、驻十八里办事处、驻通辽办事处、驻赤峰办事处），2个缉私分局（海拉尔海关缉私分局、驻通辽办事处缉私分局），3个缉私科（额尔古纳海关缉私科、驻赤峰办事处缉私科、驻十八里办事处缉私科）。

（二）内蒙古出入境检验检疫局

内蒙古出入境检验检疫局是由国家质检总局垂直管理的正厅级直属机构。作为行政执法机关，主要负责对出入境的货物、人员、交通工具、集装箱、行李、邮包等进行包括卫生检疫、动植物检疫、商品检验等在内的检查、鉴定、认证和监督管理工作，执行《中华人民共和国进出口商品检验法》《中华人民共和国国境卫生检疫法》《中华人民共和国进出境动植物检疫法》《中华人民共和国食品安全法》以及有关政策规定，与海关、边防检查站同为联检单位。

内蒙古出入境检验检疫局设有11个分支局、3个办事处。其中，内蒙古局、呼和浩特机场办事处设在呼和浩特市，满洲里局、二连浩特局、包头局、赤峰局、通辽局、乌兰浩特局、呼伦贝尔局、额尔古纳局、乌海办事处、乌兰察布办事处设在所在盟市，额济纳局、东乌珠穆沁局设在所在旗县，乌拉特局设在乌拉特中旗。内蒙古出入境检验检疫局已建成国家级鼠疫监测重点实验室 1 个，正在建设国家级乳制品重点实验室。多年来，内蒙古出入境检验检疫局不断改进服务质量，形成了辐射全区口岸的出入境检验检疫监督管理体系。

内蒙古拥有 16 个边境口岸、3 个航空口岸、18 个边境旗（市），4261 公里与俄罗斯和蒙古国接壤的漫长边境线。若能充分发挥内蒙古的地理优势，加强内蒙古的对外开放，大力发展边境贸易，必将提高当地的经济发展水平。

第二节　内蒙古边境贸易法律政策的发展演变

中俄边境贸易的历史源远流长，两国很早就开展了边境民间贸易。1689 年签订的中俄《尼布楚条约》就第一次对已经存在的中俄边境民间贸易进行了规定。在随后的几个世纪中，以边民互市贸易为主的中俄贸易历经沧桑，除了因两国间发生战争或关系紧张而偶有中断外，一直绵延存续。特别是新中国刚刚成立后，中苏、中蒙间的各项贸易迅速增长，一度成为中国的主要对外贸易国。从 1949 年到现在，内蒙古边境贸易的发展经历了四次转折，转折点主要体现在边境贸易政策的调整和贸易量的明显变化。依据边境贸易发展经历的四个转折点，内蒙古边境贸易经历了恢复停滞、迅速发展、剧烈起伏和缓慢增长的过程。在这个过程中，国家和地方政府结合国内外的具体情况，根据对外贸易发展的形势，不断界定和调整边境贸易的法律政策。因此，有必要就新中国成立以来，内蒙古边境贸易发展的状况和有关政策与法律的发展、演变过程进行梳理。厘清和理顺内蒙古边境贸易发展的状况和有关政策与法律发展、演变过程的，有助于我们正确理解国家边境贸易的政策、法律，认识到边境贸易政策和法律的特殊性，有针对性地制定国家和地方性法律、政策，促进内蒙古边境贸易健康发展。

一、边境贸易恢复和停滞的阶段（1949—1985 年）

在历史上，中蒙、中俄边境地区的两国人民由于山水相邻、风俗相近、民族同源，在经济上常互通有无、调节余缺，形成了开展边境贸易、通商互市的传统，保持着相互间的经贸联系。中蒙、中俄在边境地区设有不少传统的边民互市点，以满足基本生活需求。中俄边境贸易开始于 18 世纪，到 19 世纪时达到很高的水平，当时的恰克图就是中俄边境贸易的中心。

新中国成立后，我国与周边国家之间的关系得以确立、改善并逐步融洽。中苏、中蒙边境地区传统的边民互市贸易开始逐渐恢复并日趋活跃，极大地满足了边境居民的生活需要，促进了当地经济的发展。相比民间互市，官方贸易则更加重要和频繁。中苏、中蒙同属社会主义阵营，相同的意识形态和社会制度似乎使我们之间更容易“理解和沟通”。

中苏、中蒙之间开展了密切的对外贸易与经济交流，中苏贸易额占中国对外贸易总额的一半以上，列居中国外贸国之首位。满洲里口岸进出口货运量在1952—1955年位居全国第一位。这为我国国民经济的恢复和第一个五年计划的顺利实施，以及抗美援朝战争的胜利都作出了重要贡献。遗憾的是好景不长，20世纪60年代初，中苏两国产生分歧并随后开展论战，直至发生了珍宝岛之役。由于中苏关系紧张，严重恶化了中苏、中蒙两国的经济关系，贸易往来在1963—1983年间被中断。70年代以来，在双方的共同努力下，1983年内蒙古恢复了与苏联的边境易货贸易。1985年恢复了与蒙古国的边境易货贸易。

二、边境贸易迅速发展的阶段（1986—1995年）

中苏、中蒙恢复了边境边民易货贸易后，随着边民间交易信息的交流、传递，其影响范围逐步扩大。为了规范边境贸易的发展，1984年12月国务院颁布了《边境小额贸易暂行管理办法》（以下简称《管理办法》）。该《管理办法》规定：边境小额贸易是指我国边境城镇中，经省、自治区人民政府指定的部门、企业同对方边境城镇之间的小额贸易，以及两国边民之间的互市贸易。边境小额贸易由有关省、自治区人民政府管理，在双方商定的边境口岸和贸易点进行。有关口岸开放、外事、安全、边防、海关、银行、商品检验、动植物检疫、工商行政管理等方面的工作，由省、自治区人民政府商请国务院有关主管部门办理。边境城镇之间的小额贸易，按照自找货源、自找销路、自行谈判、自行平衡、自负盈亏的原则进行。边境城镇之间的小额贸易，应照章征收关税、产品税或增值税。①

按照《管理办法》，边境贸易的参与主体由边民扩大到自治区人民政府指定的部门、企业，参与范围由边境线 20 公里以内扩展到边境城镇，交易地点由集市地摊转到开放口岸。边境贸易开始由边民互市粗放的"菜市场"式的模式向规范的国家间贸易模式提升。外事、安全、边防、海关、银行、商品检验、动植物检疫、工商等边境贸易管理机构的设置与完善，标志着我国边境贸易已逐步走上规范化、专业化和国际化的轨道。该《管理办法》的颁布、实行给内蒙古边境贸易发展开启了政策之门。

1992 年 1 月召开的中央民族工作会议上，我国沿边开放战略被正式确定下来。1992 年春，国务院决定进一步开放黑龙江的黑河、绥芬河，吉林的浑春，内蒙古的满洲里、二连浩特，广西的凭祥、东兴，云南的碗町、瑞丽、河口，新疆的伊宁、塔城、博乐，共计 13 个沿边城镇。同时开放民族地区的省会（首府）城市昆明、贵阳、银川、南宁、乌鲁木齐、呼和浩特等，实行沿边开放城市的优惠政策，进一步把边境贸易纳入到沿边开放战略中，以此来促进沿边地区经济发展。借着沿边开放之春风，度 984 的传统，方性银行实施差别存款准备金率，对中小企业贷款实惠随之内蒙古提出"北开南联""以边境贸易带动边疆地区经济发展"的战略。1993 年，又提出了"多边合

① 参见国务院：《边境小额贸易暂行管理办法》，颁布日期：1984 年 12 月 20 日。

作，以开放驱动全局”战略思想和“边境有边，贸易无边”的指导思想，采取了“地贸、民贸、互市贸易一齐上，双边、多边、转口贸易齐发展的”方针，强调加快开展与俄罗斯、蒙古国的经济贸易和技术合作。此后几年中内蒙古边境贸易快速扩张，成为自治区对外贸易的重要组成部分。

三、边境贸易剧烈起伏的阶段（1996—2004 年）

苏联和蒙古国轻工、食品等商品严重紧缺，开展边境贸易可获得不菲的利润和回报，于是逐渐吸引了离边境较远的内陆地区，甚至东部沿海地区的商人、企业参与到边境贸易活动中来，使得边境贸易的市场边界范围无限扩大，参与贸易的主体范围越来越广。“最初的边境贸易主体，无论是边民互市，还是边境小额贸易，参与的主体基本上是两国边境地区的个人、企业等，他们之间的贸易往来历史悠久，交易主要是凭借双方的信誉，没有担保和正式合同，易货贸易现象普遍存在。然而，随着边境贸易市场边界的扩展，许多劣质企业渗透和加入，造成了 20 世纪 90 年代中期边境贸易中大量假冒伪劣产品的出现，以致严重影响了我国原边境贸易参与者的信誉，并扰乱了边境贸易的正常秩序。”① 针对上述情况，1996 年 1 月，国务院颁布了《关于边境贸易有关问题的通知》，对我国边境贸易重新进行了界定并适当调整了贸易政策。主要内容有：

① 包桂荣：《边境贸易发展中的政策与争端解决机制问题研究》，10 页，2011 年 5 月 6 日内蒙古全区法院中蒙俄边境贸易纠纷理论与实务研讨会上的讲话稿。

第一，对边境贸易的发生区域和企业经营资格做了限定，恢复了以前的区域范围。根据我国当时开展边境贸易的实际情况，参照国际通行规则，《通知》指出对边境贸易按两种方式进行管理，即边民互市贸易和边境小额贸易。边民互市贸易经营范围限定在边境线20公里以内。有资格参与边境小额贸易的主体指沿陆地边境线，经国家批准对外开放的边境县（旗）、边境城市辖区内经批准有边境小额贸易经营权的企业。

第二，放宽了对出口商品配额、许可证的管理限制。边境小额贸易企业凡出口国家实行配额、许可证管理的出口商品，除实行全国统一招标等商品外，可免领配额、许可证，但要接受外经贸部和国家计委的宏观管理。国家每年专项给边境地区下达边境小额贸易进口配额，由各省外经贸管理部门发放进口许可证。此外，还规定允许各省（区）一两家边境小额贸易企业出口边境地区自产的，国家指定公司联合统一经营的商品，以及进口国家实行核定公司经营的进口商品。经营企业名单需报经外经贸部核准。①

第三，继续实行边民互市贸易进口商品限额内免征关税和边境小额贸易双减半的税收优惠政策。边民通过互市贸易进口的商品，每人每日价值在人民币1000元以下的，免征进口关税和进口环节税；超过人民币1000元的，对超出部分按法定税率照章征税。除烟、酒、化妆品以及国家规定必须照章征税的其他商品外，“九五”前3年（1996至1998年），进口关税和进

① 参见国务院《关于边境贸易有关问题的通知》（国发［1996］2号）第三条，实施日期：1996年4月1日，颁布日期：1996年1月3日。

口环节税按法定税率减半征收。①

在全国其他口岸进口货物按法定税率征收关税和进口环节增值税的背景下，国家对边境贸易的特殊政策优惠和倾斜，体现了国家对边疆地区经济发展和少数民族地区经济生活的重视和关心。但自从 1996 年国家对边境贸易管理方式重新界定后，参与边境贸易的主体也重新做出选择，来自中东部的企业纷纷撤离了边境口岸，不再从事边境贸易。加之其他原因，导致 1996 到 1998 年的边境贸易额呈现逐年下降趋势，直到 1998 年的占比低至 28.22 %（见图 1－6）。

面对全国边境贸易量的普遍回落，同时也考虑到经济的发展和人民实际生活需求的变化，从 1999 年 1 月 1 日起，在原来边民互市贸易进口（仅限生活用品）的商品免税额度 1000 元以下的基础上，增加到 3000 元以下，规定每人每日价值在人民币 3000 元以下的，免征进口关税和进口环节增值税；超过人民币 3000 元的，对超出部分按法定税率照章征税。除国家规定必须照章征税的其他商品外，边境小额贸易在 2000 年底前继续实行进口关税和进口环节增值税按法定税率减半征收的政策。②

总之，从 1996 到 2004 年期间，内蒙古边境贸易发展处于剧烈起伏波动的态势。表 1－15 和图 1－6 中可以看出 1996 年占比

① 参见国务院《关于边境贸易有关问题的通知》（国发［1996］2 号）第二条，实施日期：1996 年 4 月 1 日，颁布日期：1996 年 1 月 3 日。

② 参见外经贸部、海关总署《关于进一步发展边境贸易的补充规定的通知》第一、二条，实施日期：1999 年 1 月 1 日，颁布日期：1998 年 11 月 19 日。

为39.69%，2004年回落到与之相近的40.50%。在这两个数段之间，比值在跳跃起伏，最高达到2002年的54.24%，最低点为1998年的28.22%。曲线由高点到低点的波动，说明1996—2004年内蒙古边境贸易的剧烈起伏态势。

四、边境贸易缓慢增长的阶段（2005—2009年）

2005年以来，我国国际贸易取得了迅猛发展，然而内蒙古边境贸易没有出现相应地明显增长。边境贸易整体表现后劲不足，增长乏力。考虑到我国经济水平的发展、提高和边境贸易政策实施中出现的新问题，2008年10月，财政部、海关总署、国家税务总局发布了《关于促进边境贸易发展有关财税政策的通知》①，其主要内容有：

第一，提高了边境地区边民互市进口生活用品免税额度。自2008年11月1日起，将边民互市进口的生活用品免税额度提高到每人每日人民币8000元。从上文可看出，这已是第三次调整边民互市进口的生活用品免税额度。第一次是1996年国务院《关于边境贸易有关问题的通知》，边民互市进口的生活用品免税额度为1000元人民币；1998年原外贸易经济合作部、海关总署《关于进一步发展边境贸易的补充规定的通知》限额由原来每人每日1000元人民币提高到3000元人民币；此为第三次，调

① 财政部、海关总署、国家税务总局：《关于促进边境贸易发展有关财税政策的通知》（财关税［2008］90号），实施日期：2008年11月1日，颁布日期：2008年10月30日。

整为8000元，但边民互市贸易在内蒙古边境地区并没有像云南、广西等省开展得顺利。原因有二：一是中蒙、中俄边境地区毗邻城市居民少；二是免税额度仅限生活用品，蒙、俄缺乏可与我方交换的商品。

第二，加大了对边境贸易发展的财政支持力度。自2008年11月1日起，采取专项转移支付的办法替代原来的边境小额贸易进口税收按法定税率减半征收的政策，并逐年增加资金规模，专项用于支持边境贸易发展和边境小额贸易企业能力建设。采取专项转移支付的办法替代现行边境小额贸易进口税收按法定税率减半征收的政策，对边贸企业的支持更加直接。虽然之前的边境贸易政策规定，边境贸易进口环节增值税减半征收，但按照我国增值税管理办法，边境贸易进口商品只要进入流通环节，其进项税只能按实际征收额抵扣，这样进口环节所减征的增值税又在国内销售环节补征回来，使边境贸易的税收优惠政策大打折扣。原来的边境贸易税收政策只能体现在关税税率不为零的进口商品上或者企业在销售环节不需要开增值税发票的商品上。

第三，研究解决一般贸易以人民币结算办理出口退税的问题，并优先考虑在边境地区扩大试点。由于我国周边国家外汇短缺等原因，在边境贸易中以人民币结算的比重很大，如二连浩特区的边境贸易95%以上使用人民币结算。但是，按照原边境贸易政策的规定，边境贸易出口货物办理出口退税时，必须提供出口收汇核销单，以人民币结算的边境贸易出口货物无法提供核销单，所以不能办理出口退税。有些国家鼓励出口的商品，如塑料制品等因出口收汇核销单领取问题，企业只能不退税。不仅给海关监管带来很大难度，也严重削弱了边贸企业出口的积极性。

第四，进一步减轻了边贸企业的负担，对涉及边境贸易企业的行政事业性收费项目进行清理和规范，取消不合法、不合理的收费项目。[①] 取消不合理的行政事业性收费有助于减轻边贸企业的负担、降低其经营成本。

第五，支持边境口岸建设。国家每年安排专项资金对边境一类口岸查验设施给予补助，并逐步增加投资额度，提高补助标准，扩大支持范围。这将会在一定程度上减轻地方政府口岸建设的资金压力。

第六，支持边境特殊经济区的建设与发展。对国家级边境经济合作区，比照执行中西部地区国家级经济技术开发区基础设施项目贷款财政贴息的优惠政策。在制定全国海关特殊监管区域宏观布局规划的过程中，将对在边境地区申请设立具有保税功能、货物从境内区外入区享受退税政策的跨境经济合作区的问题予以统筹考虑。国家鼓励有条件的口岸建设海关特殊监管区域，将提升对边境贸易的管理档次，促进边境地区经济向更高层次发展。

《关于促进边境贸易发展有关财税政策的通知》取消了边境贸易减半征税的税收政策，而采取财税、投资、减负等系列优

---

① 财政部、发改委：《关于公布取消和停止征收100项行政事业性收费项目的通知》，实施日期：2009年1月1日，颁布日期：2008年11月13日。该通知在全国统一取消和停止征收了100项行政事业性收费。

惠政策。这些政策从长远上看是支持边境地区经济贸易发展，而不是只扶持边境贸易。可以看出这些政策更全面、具体，更有力度。

总之，从实际贸易情况来看，2005 年以来，内蒙古边境贸易额的确在缓慢增长，但是在全区对外贸易总额中的占比徘徊不前，未能有明显突破。边境贸易没有发挥出对全区对外贸易的作用和地位，对全区外贸的贡献度有限。

第三节　内蒙古边境贸易发展的现状

内蒙古边境贸易有边境货物贸易、边境旅游贸易、边境地区对外经济技术合作等方式。大力促进边境贸易的发展，对整个内蒙古及其边境地区的经济发展有着重要的作用。近年来，特别是金融危机以来，内蒙古边境贸易发展徘徊不前，从事边境贸易的企业生存困难。

一、我国边境贸易的方式

国际上，对边境贸易概念界定主要是以 WTO 最惠国待遇的例外规定为依据的。根据 WTO 的规定，边境贸易是指毗邻两国边境地区的居民和企业，在距边境线两边各 15 公里以内地带从事的贸易活动，目的是方便边境线两边的居民互通有无。

（一）我国边境贸易的方式

1. 按贸易产品的性质分类

依据贸易产品的性质，目前内蒙古与蒙古国和俄罗斯开展的边境贸易，可以分为货物贸易、旅游贸易、边境地区对外经济技术合作等方式。

（1）货物贸易

货物贸易也称为有形（商品）贸易，其用于交换的商品主要是以实物形态表现的各种实物性商品，是有形贸易。在内蒙古边境贸易中，主要以货物贸易为主。

（2）旅游贸易

旅游贸易是指国内外旅游者通过旅游渠道，携带外币现钞、外币票据，经海关核验放行入境，到外汇指定银行兑换点兑换成人民币，或者携带经海关核验放行的从境外携入的人民币，在边境地区进行商品采购、报检、报关，并将所购货物运往国外进行销售的贸易行为。

（3）边境地区对外经济技术合作

边境地区对外经济技术合作指我国边境地区经原外经贸部批准，有对外经济技术合作经营权的企业，在毗邻国家的边境地区开展的承包工程和劳务合作项目。[①] 在经济技术合作方面还

---

① 参见外经贸部、海关总署：《边境小额贸易和边境地区对外经济技术合作管理办法》，实施日期：1996 年 4 月 1 日，颁布日期：1996 年 3 月 29 日。

出现了带料境外加工、援外项目等。

（4）其他的贸易方式

其他的贸易方式包括易货贸易、现汇贸易、转口贸易、三来一补、寄售、租赁等。

2. 按管理办法分类

依据 1996 年的与边境贸易有关的管理办法，目前内蒙古与蒙古国和俄罗斯开展的边境贸易，可以分为边境小额贸易和边民互市贸易。

（1）边境小额贸易

为促进我国边境地区的经济发展、发展同周边国家的睦邻友好关系，根据我国开展边境贸易的实际情况，参照国际通行规则，我国对边境小额贸易的概念做了界定。边境小额贸易指沿陆地边境线，经国家批准对外开放的边境县（旗）、边境城市辖区内，经批准有边境小额贸易经营权的企业，通过国家指定的陆地边境口岸，与毗邻国家边境地区的企业或其他贸易机构之间进行的贸易活动。①

目前，我国边境小额贸易呈现以下特点：

第一，从参与主体的法律性质来看，私营企业成为边境贸易进出口的主力军，且进出口值增长迅猛。

“我国私营企业边贸额由 1997 年的 0.04 亿美元增至为 2001

① 参见国务院《关于边境贸易有关问题的通知》（国发［1996］2 号），实施日期：1996 年 4 月 1 日，颁布日期：1996 年 1 月 3 日。

年的6.27亿美元”①，虽呈现逐年增长的趋势，但始终落后于国有企业的发展速度。2004年以后，私营企业在我国边境贸易中的力量迅猛壮大，一度超过国有企业而成为我国边境贸易发展的主力军。之后，私营企业进出口总值不断增长，远远超过国有企业的进出口规模。从2009年全国边境小额贸易进出口商品总值表（表1－7）中可见，该年边境贸易中，私营企业进出口总值占全国边境小额贸易总值的80.36%，国有企业占14.95%。在边境贸易中，私营企业的进出口总值达到168亿多美元，而国有企业的进出口总值仅为31亿多美元，边境贸易中私营企业进出口贸易总额是国有企业的5倍多，比国有企业的进出口贸易总额多137亿美元。

表1－7　2009年全国边境小额贸易进出口商品总值

（按企业性质分类统计）　　单位：千美元

贸易方式／企业性质	边境小额贸易企业出口		边境小额贸易企业进口		边境小额贸易企业进出口总值	边境小额贸易进出口总值按企业性质占比
	总值	较2008年的增减%	总值	较2008年的增减%		
私营企业	12 219 846	－35	4 615 664	－21.0	16 835 510	80.36%
国有企业	1 214 277	－49.8	1 917 467	－15.5	3 131 744	14.95%
集体企业	298 561	－55.8	662 793	－21.6	961 354	4.59%
其他	13 893	－20.1	5626	20.2	19 519	0.10%
总值	13 746 577	－37.2	7 201 550	－19.8	20 948 127	100%

数据来源：杨振庆主编，中华人民共和国海关总署编：《中国海关统计年鉴2010（上卷）》，13～14页，中国海关杂志社，2010。

---

① 苑新丽：《关于促进边境贸易发展有关财税政策的通知解读》，载《国际商报》，2008－12－29。

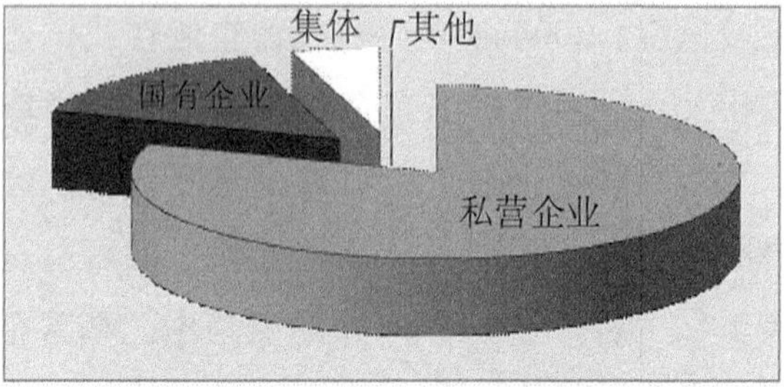

图1－3　2009年边境小额贸易进出口总值按企业性质占比

第二，我国边境小额贸易占全国对外贸易进出口总值的比重很小，边境小额贸易的作用和地位没有突显。

我国边境贸易进出口额在1986年为1.68亿美元，1995年为32.5亿美元，2000年为50亿美元，即使我国对外贸易跨上新台阶的2007年，全国的边境贸易总额也仅为213.1亿美元，仅占当年全国进出口贸易总额21 738亿美元的1%。2008占比略有增长，为1.2%，但2009年又有所回落（见表1－8）。边境贸易相对于“大贸”的弱小和微量，证明我国的边境贸易还较为落后，没有充分利用地缘优势和周边国家的禀赋优势，预示着我国的边境贸易有很大的发展空间和余地，有待深度挖掘其潜力，同时也表明边境贸易的发展政策和法律等保障机制的不足和缺失。

（2）边民互市贸易

边民互市贸易指为满足边民的需要，边境地区边民在边境线20公里以内，在经政府批准的开放点或指定的集市上，在不

表 1-8　2006—2009 年全国边境小额贸易进出口商品总值表

单位：千美元

边境小额贸易 / 年份	进出口总值		出口		进口	
	金额	全国进出口总值中比占	金额	全国出口总值中占比	金额	全国进口总值中占比
2006	16 157 083	0.9%	9 943 062	1.0%	6 214 021	0.8%
2007	21 311 140	1.0%	13 710 059	1.1%	7 601 081	0.8%
2008	30 882 291	1.2%	21 904 374	1.5%	8 977 917	0.8%
2009	20 948 127	0.9%	13 746 577	1.1%	7 201 550	0.7%

数据来源：根据历年《中国海关统计年鉴》的相关资料整理所得。

超过规定的金额或数量范围内进行的商品交换活动。[①] 边民互市贸易由政府相关管理部门统一制定管理办法，由各边境省、区人民政府具体组织实施。较 WTO 对边境贸易的规定，我国边民互市贸易扩大了边民互市的地域范围，可以让更多的边民参与交易。我国的边境线主要在少数民族地区，地域范围广阔，但人口稀少，我国有的地方边境线 15 公里以内无人居住。因此，把边民互市的范围从边境线 15 公里以内扩大到 20 公里以内，可使更多的边民参与到边民互市中来，通过商品交换满足生活需求。

边民互市贸易是内蒙古边境贸易的重要组成部分。其交易流程为：外商入境后，持护照或边民证进入边民互市贸易区，在区内可用人民币、卢布（满洲里互贸区可用）、图格里克（二连浩特互贸区可用）和其他可兑换的货币进行交易，然后向海

① 参见国务院：《关于边境贸易有关问题的通知》（国发［1996］2 号），实施日期：1996 年 4 月 1 日，颁布日期：1996 年 1 月 3 日。

关、检验检疫局申报，经查验后，予以放行。

我国边民互市贸易的主要特点如下：一是交易主体多元化：主要是双方边境地区的居民、个体工商业者、中小企业等。二是交易的商品品种和金额额度受限：商品品种和金额额度都限定在一定的范围之内。边民通过互市贸易进口的生活用品，每人每日价值在人民币 8000 元以下的，免征进口关税和进口环节税，[①] 也即通过互市交易购买的商品仅限生活用品，价值超过 8000 元，对超出部分按法定税率照章征税。三是手续简便、方式灵活、采购方便。四是受双方政治、经济政策波动、变化的影响较小。

（二）我国边境贸易的特点

我国的边境贸易与一般贸易的定义和分类有所区别，只分边境小额贸易和边民互市贸易两种方式。即边境地区开展的除边民互市贸易以外的上述其他各类边境贸易形式，如边境地区对外经济技术合作、旅游贸易、三来一补等其他贸易方式，统称为边境小额贸易，原则上不受贸易方式和经营分类的限制，均统一纳入边境小额贸易管理，执行边境小额贸易的有关政策，具体政策和管理办法由国务院有关部门统一制定。[②] 这样的分类

---

① 参见财政部、海关总署、国家税务总局：《关于促进边境贸易发展有关财税政策的通知》（财关税［2008］90 号），实施日期：2008 年 11 月 1 日，颁布日期：2008 年 10 月 30 日。

② 参见国务院：《关于边境贸易有关问题的通知》（国发［1996］2 号），实施日期：1996 年 4 月 1 日，颁布日期：1996 年 1 月 3 日，其对我国边境贸易的概念及其内涵作了界定。

和界定符合我国边境贸易的实际情况，也参照了国际通行规则，拓展了边境小额贸易的包容范围。这种宽泛的归类不仅有利于边贸企业根据具体情况，灵活选择贸易方式，也有利于国家对纷繁复杂，但又规模甚小的边境贸易实行统一的规范化管理，符合我国边境贸易的现状和发展要求。

二、加快内蒙古边境贸易发展的必要性分析

内蒙古具备良好的区域优势，若能充分发挥内蒙古的地理优势，加强内蒙古的对外开放，大力发展边境贸易，不仅关乎内蒙古的经济发展，更是对地缘格局的珍惜利用，对民族因素的权衡考量。自20世纪80年代以来，内蒙古边境贸易总量不断攀升，对内蒙古经济社会发展发挥着越来越重要的作用。没有边境贸易的发展，内蒙古很难取得经济规模、税收和就业等领域的成绩。加快发展内蒙古边境贸易，对我国经济、政治和社会发展有着重要的作用和意义。

（一）拉动经济增长，推动产业升级

从1996—2009年，内蒙古边境贸易总额从49 602万美元增加到2009年的277 221万美元，年均增长率为14.15%（见表1－15）。边境贸易已成为拉动经济增长的“三驾马车”之一。边境贸易的发展有助于提高边境地区人民的生活水平，振兴边疆民族经济，实现兴边富民和内蒙古经济的腾飞，也有助于增强民族团结，促进各民族共同繁荣和边境稳定。此外，在边境口

岸通过发展加工贸易等方式，可以推动区内产业升级、技术进步，实现生产效率的提升；通过进口国内短缺资源、关键设备和先进技术，可以拉长制约经济发展的“短板”，通过对先进技术和设备消化、吸收、创新，再不断增强自主创新能力；通过进口紧缺原材料，可以促进产业结构调整和经济协调发展。如满洲里口岸已成为全国最大的原木进口口岸，其进口原木占全国原木进口总量的四分之一，有力地支援了国内需求。

（二）扩大就业机会，促进管理体制创新

通过边境贸易，内蒙古的劳动力资源优势可以转化为产品成本优势，进而转化为国际竞争力优势，使外贸成为不出国门的变相劳务输出。特别在我国经济体制转型和农村剩余劳动力转移的特殊时期，劳动人口密集且成本低廉，通过边境贸易将内蒙古自治区边境地区农村剩余劳动力转化为“人口红利”，极大地缓解了当地的就业压力，促进了社会稳定和城乡统筹发展。此外，企业通过边境口岸开展外贸业务，可以学习到国外企业先进的管理经验和管理模式，从而增强自我发展能力，实现自身的提升和发展。有的企业还实现了成功转型，从简单的加工向自主品牌转变，从单纯外贸向贸工技一体化转变，有助于推动实体经济的发展，培育和完善中国特色社会主义市场经济体制。

（三）打造新的区域经济增长极，加速产业经济合理转移

要把边境贸易做大做强，必须推动边境贸易向纵深发展，要凭借区位优势、交通优势和良好的经济基础，大胆先试先行，

在一类重点口岸设立综合保税区、对外经济技术合作区和国家开放开发改革实验区，开拓外贸方式和边境贸易深化发展，充分发挥外贸对经济社会发展的功能和作用，实现贸工技一体化。通过边境贸易纵深发展，可打造新的区域经济增长极，加速产业经济合理转移，强化与沿边沿海联系的经济纽带，加快中西部地区外贸发展和西部大开发战略的深入实施，实现全国各地经济协调发展。内蒙古边境贸易的发展也有助于实现我国全方位的开放战略格局，缩小东西部经济发展差距，为国内经济可持续发展提供有力支撑。

（四）深化周边交流合作，实现国家间睦邻友好

为促进边境地区的经济发展，改善和提高边疆地区人民的物质生活水平，必须大力发展对外贸易。为此，国家必须扶持和帮助民族自治地方和经济不发达地区发展对外贸易。对于民族自治地方来说，开展对外贸易最便捷的通道便是发展边境贸易。尽管边境贸易在我国对外贸易总量中所占比例还不大，但是边境贸易在我国与周边国家的贸易中占有重要地位。“根据海关的统计，2003 年，边境贸易占我国与 13 个周边国家贸易总量的 21% 左右。其中，我国与哈萨克斯坦、吉尔吉斯的边境贸易总量约占这两个国家贸易总量的 70%，尼泊尔和蒙古约占一半。”① 特别是中俄互为对方的最大邻国，只有深化双边经贸合

① 周小川：《提供银行结算便利，促进边境贸易发展》，载《中国外汇管理》，2004（10）。

作，确立全球经济地位，才能巩固双方之间的战略协作伙伴关系，强化双方之间的政治和军事战略协作，在打击恐怖主义、解决朝核问题等方面保持高度的协调与合作。近年来，除了传统的货物贸易之外，边境地区的服务贸易和技术贸易得到迅速发展，边境旅游人数不断增加，承包工程项目不断增多，在部分地区还出现了境外投资设厂。因此，边境贸易的快速发展不仅提高了内蒙古边境地区人民的生活水平，促进了各民族共同繁荣和边境稳定，也为深入发展内蒙古与周边国家的交流合作，实现睦邻友好奠定了基础。

总之，加快内蒙古边境贸易的发展，必将提高当地的经济发展水平，促进整个西部的繁荣和发展，提高我国在东北亚的国际经济地位，促进国内沿边开放战略的实施和国内整体对外开放格局的形成。加快内蒙古边境贸易的发展非常必要，作用重大，意义深远。

三、加快内蒙古边境贸易发展的可行性分析

对外贸易在我国民族地区和边疆地区的经济贸易中占有重要的地位。内蒙古发展对外贸易具有距离国外市场近、运费低、交往方便等地缘优势。要大力促进内蒙古对外贸易的发展，最可行、最便捷的途径就是充分利用先天的自然地缘优势，发展与俄、蒙之间的边境贸易，这是内蒙古对外经贸发展的必由之路和方便之门。

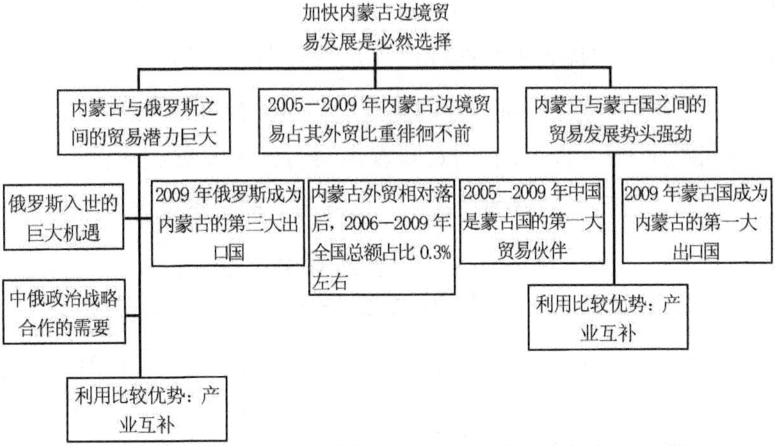

图 1－4　内蒙古发展边境贸易可行性图例分析

（一）大力促进边境贸易和对外贸易发展，是内蒙古经贸发展的必由之路

内蒙古作为横跨东北、华北、西北的区域，素有“东林西铁、南粮北牧、遍地矿藏”的美称。内蒙古东部与黑龙江、吉林、辽宁三省毗邻，南部、西南部与河北、山西、陕西、宁夏四省区接壤，西部与甘肃省相连，北部与蒙古国为邻，东北部与俄罗斯交界。全区总面积为 118.3 万平方公里，占全国总面积的 12.3%，相当于我国江苏省土地面积的 11 倍多、英国土地面积的 4 倍、法国土地面积的 2 倍。内蒙古从 2002 年到 2009 年 GDP 年均增速为 17.6%，增速连续 8 年居全国之首，创造了颇具代表性的“内蒙古模式”。

但是，这些看似惊人的数据无法掩盖其对外贸易的“苍白”。作为31分子之一，内蒙古进出口商品总值在全国占比与其经济发展和区位优势不相匹配。无论按经营单位所在地，还是按境内目的地/货源地来统计，内蒙古进出口商品总值在全国占比多年徘徊在0.3%～0.4%。这意味着内蒙古外贸发展相对落后，但也预示蕴含着巨大的潜力，在未来的发展空间依然很大。

表1－9　内蒙古自治区进出口商品总值表

（按经营单位所在地统计）　　单位：千美元

年份	进出口总值	占全国进出口总值比重%	出口	占全国出口总值比重%	进口	占全国进口总值比重%
2006	5 960 820	0.3	2 140 501	0.2	3 820 319	0.5
2007	7 735 885	0.4	2 944 394	0.2	4 791 491	0.5
2008	8 918 483	0.4	3 591 850	0.3	5 326 633	0.5
2009	6 774 066	0.3	2 315 476	0.2	4 458 590	0.4

a. 经营单位所在地指有进出口经营权的企业的报关注册登记地。b. 根据历年《中国海关统计年鉴》（中华人民共和国海关总署编）的相关资料整理所得。

表1－10　2006—2009年内蒙古自治区进出口商品总值表

（按境内目的地/货源地统计）　　单位：千美元

年份	进出口总值	全国进出口总值占比%	出口	全国出口总值占比%	进口	全国进口总值占比%
2006	6 112 858	0.3	2 694 427	0.3	3 418 431	0.4
2007	9 090 733	0.4	3 803 649	0.3	5 287 084	0.6
2008	10 433 512	0.4	4 598 295	0.3	5 835 218	0.5
2009	9 463 709	0.4	3 839 334	0.3	5 624 375	0.6

a. “境内目的地”指该地是进口货物的消费、使用地或最终运抵地。“境内货源地”指该地是出口货物的产地或原始发货地。b. 根据历年《中国海关统计年鉴》（中华人民共和国海关总署编）的相关资料整理所得。

2005 年以来，内蒙古边境贸易额的确在缓慢增长，但内蒙古边境贸易额在全区对外贸易总额中的占比徘徊不前，未能有明显突破。2005 年到 2009 年，内蒙古边境贸易额占全区进出口贸易额的比重分别为 39.22%、38.67%、38.79%、46.50%、40.98%，竟然与十年前的 1996 年的 39.69% 占比接近。由此可见，内蒙古边境贸易近十多年来发展缓慢、规模较小、相对落后。边境贸易没有发挥出对全区对外贸易的作用和地位，对全区经济和社会发展的贡献度不大。因此，大力促进边境贸易和对外贸易发展，是内蒙古经贸发展的必由之路。

（二）中俄、中蒙巨大的贸易潜力，为内蒙古边境贸易和对外贸易发展提供了绝佳机会

我国与北边邻国蒙古国、俄罗斯相比，在自然条件、地理位置和历史发展等因素的影响下，在自然资源、劳动力、资本等方面存在着较大的禀赋差异，产业结构具有明显的互补作用。大力发展边境贸易可充分利用中俄、中蒙之间的比较优势，促进贸易与投资的便利化。

1. 中俄、中蒙两国产业优势互补

从资源禀赋、产业结构和技术水平来看，俄罗斯和蒙古国拥有丰富的自然资源，其富藏的铜矿粉、氧化铝、木材、铁矿粉等均为中国稀缺的资源；石油、天然气、矿产、木材尚未被完全开发和利用。目前，俄罗斯在航天、军事和核能等高端技术领域仍位列世界之先。然而，俄、蒙第二产业中的轻工业相对弱小，高技术民用产业化程度比较低，轻工产品、机电产品、

菜果、日用品、食品粮食、纺织品等商品相对欠缺。与此相反，被称为“世界工场”的中国的民用商品生产正形成规模经济，生产能力和生产总量有过剩之势。

从劳动力成本来看，包括内蒙古在内的边疆省区多为欠发达地区，劳动人口密集且成本低廉，为开展贸易和劳务合作提供了有利条件。内蒙古劳动力数据互补的产业优势决定了中俄、中蒙贸易的生命力和依赖性。从历年中俄、中蒙边境贸易的产品结构来看，中方出口的产品主要是制成消费品，进口的产品主要是邻国的原材料、资源密集型产品和高技术产品，也证明了双方贸易具有互补性。如机电产品多年来一直是我国对俄出口第一大类商品。“2009 年，我对俄机电产品出口额为 73 亿美元，占对俄出口的 41.7%；自俄机电产品进口额为 4.3 亿美元，占自俄进口的 2%。”① “2009 年我国自俄就引进民用技术 32 项，合同金额 7256 万美元，主要集中在核电、航空、航天、电子等领域。”②

因此，必须大力发展边境贸易，利用两个市场、两种资源，充分发挥禀赋和技术比较优势，与毗邻国家形成优势互补的发展态势，最终实现优势资源、劳动力、资本和技术的自由流动，达到区域贸易和投资自由化。

2. 内蒙古与蒙古国贸易发展势头迅猛

从 2005 年至 2009 年，中国一直是蒙古国的第一大贸易伙伴

① 《中国商务年鉴》编辑委员会编：《中国商务年鉴 2010》，393 页，北京，中国商务出版社，2010。

② 《中国商务年鉴》编辑委员会编：《中国商务年鉴 2010》，393 页，北京，中国商务出版社，2010。

（见表 1－11）。

表 1－11　2005—2009 年主要贸易伙伴国在蒙古国外贸排序的变化①

单位：亿美元

年份 / 国家	2005 年			2006 年			2007 年			2008 年			2009		
	贸易额	%	排序	贸易额	%	排序	贸易额	%	排序	贸易额	%	排序	贸易额	%	排序
中国	8.164	36.4	1	14.144	47.5	1	19.803	49.4	1	25.346	43.7	1	19.14	47.5	1
俄罗斯	4.452	19.8	2	5.929	19.9	2	8.035	20.0	2	13.286	23	2	8.34	20.7	2
日本	0.813	3.6	7	1.047	3.0	5	1.553	3.9	6	2.661	4.6	3	1.02	2.5	7
韩国	1.288	5.7	5	1.039	3.49	6	1.611	4.0	4	2.247	3.9	4	1.7	4.2	3
美国	1.896	8.5	3	1.626	5.46	4	1.556	3.9	5	1.983	3.4	5	1.17	2.9	6
加拿大	1.394	6.2	4	1.810	6.1	3	1.886	4.7	3	1.854	3.2	6	1.55	3.84	4
英国	0.958	4.3	6	0.476	1.6	8	0.359	0.9	7	1.832	3.2	7	1.39	3.5	5

我国对蒙古国的贸易总额从 2005 年的 8.164 亿美元到 2009 年的 19.14 亿美元，年均增长 23.73%。以 2009 年为例，中国对蒙古国的贸易额为 19.14 亿美元，占蒙古国当年贸易总额的 47.5%，在蒙古国贸易伙伴中占据绝对优势地位（见图 1－5）。表 1－11 与表 1－12 中，中蒙贸易额略有差别，因统计口径和范围不同所致。从海关统计数据来看，2005—2009 年，我国对蒙古国贸易进口大于出口，处于入超状态，因此中蒙贸易逆差是中蒙贸易的重要特征之一。

① 资料来源：吴恩远、吴宏伟主编：《上海合作组织发展报告（2010）》，第 196 页，北京，社会科学文献出版社，2010。

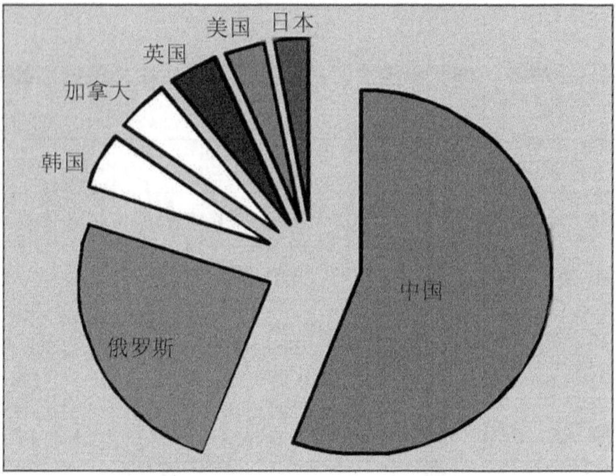

图 1－5　2009 年蒙古国主要贸易伙伴国在其外贸中占比

表 1－12　2005—2009 年我国对蒙古国贸易总额表

单位：千美元

年份	总额	增减%	出口额	进口额	出入超
2005	859 913		318 885	541 028	－222 143
2006	1 580 978	83.9	433 495	1 147 483	－713 988
2007	2 035 275	28.7	683 626	1 351 649	－668 023
2008	2 433 435	19.6	907 828	1 525 607	－617 779
2009	2 429 002	0.18	1 067 883	1 361 119	－293 236

a. 根据历年《中国海关统计年鉴》（中华人民共和国海关总署编）的相关资料整理。b. 蒙古国为进口原产国，出口最终目的国。

从内蒙古对外贸易的国家来看，目前蒙古国占着举足轻重的地位。从表 1－13 可以看出，蒙古国在内蒙古外贸出口国中的位列逐年攀升。特别是 2008 年，蒙古国在内蒙古外贸出口国位列中从上一年的第五位跃为第二位。2009 年蒙古国成为内蒙古的第一大出口国。可见，蒙古国对内蒙古的对外贸易影响巨大，加强中蒙边境贸易非常重要和必要。蒙古国与内蒙古地区习俗相仿，消费习惯和需求相近，可各取所需、取长补短。蒙古国 70% ~80% 的果蔬和日用品要从我国进口，蒙古国有 70% 以上的商品由二连浩特口岸运入。“从 2006 年蒙古国对外贸易进出口构成来看，中国占 41.23%，居第一位，已名副其实地成为蒙古国第一大贸易伙伴。而在中蒙贸易中，内蒙古自治区由于先天的优势长期以来占据着重要地位，平均占到总贸易额的 50% 左右。”① 蒙古国有着广阔的市场，这使得内蒙古地区对蒙古国的边境贸易发展迅速、势头强劲。

表 1－13　2005—2009 年内蒙古对俄罗斯和蒙古国出口总值表

年份	对俄罗斯的出口（单位：万美元）	俄罗斯在内蒙古外贸出口国中位列	对蒙古国的出口（单位：万美元）	蒙古国在内蒙外贸出口国中位列
2005	6566	第七	9393	第六
2006	8840	第六	11 877	第五
2007	20 848	第四	18 415	第五
2008	27 811	第五	28 912	第二
2009	19 528	第三	54 409	第一

根据历年《内蒙古统计年鉴》的相关资料整理所得。

3. 内蒙古与俄罗斯之间的贸易潜力巨大

1996 年，中俄就建立了战略协作伙伴关系，双方在打击恐

① 郭志芳：《内蒙古边境贸易研究》，20 页，呼和浩特，内蒙古农业大学硕士学位论文，2008。

怖主义、解决朝核问题等方面保持着高度的战略协调与合作，双方高层政治上频繁接触和互访，但是经贸合作的步伐远落后于政治和军事合作，双方的经贸合作与紧密的政治战略协作很不匹配，出现了中俄间“政热经冷”的局面和现象。2009 年俄罗斯只是中国的第十一大贸易伙伴，贸易额为 387.5 亿美元，比 2008 年增长 31.9%（见表 1－14）。经贸合作滞后不仅有碍于中俄两国在全球的经济地位，而且也会有损于中俄两国的政治和军事战略协作。“维持、巩固和发展两国战略关系，不是只靠沟通、访问甚至发表共同声明就能做到的，必须使两国的经贸合作不断发展，使两国的经济关系和经济利益日益紧密，这是两国战略关系能够进一步巩固和发展的坚实基础。如果做不到这一点，中俄两国战略关系就将是脆弱的，其前景也是不可预测的。”① 可以说，中俄之间广泛、深入的经贸合作是加强和提升中俄战略关系的基础和纽带，双方之间的经贸合作应该跟上紧密的政治战略协作步伐。

表 1－14　2005—2009 我国对俄罗斯贸易总额表

单位：千美元

年份	总额	增减%	出口额	进口额	出入超
2005	29 101 226		13 211 283	15 889 943	－2 678 660
2006	33 386 814	14.7	15 832 487	17 554 327	－1 721 840
2007	48 218 474	44.4	28 529 895	19 688 579	8 841 316

① 赵传君：《创建中俄自由贸易区问题探索》，44 页，北京，社会科学文献出版社，2010。

续表

年份	总额	增减%	出口额	进口额	出入超
2008	56 908 612	18.0	33 075 850	23 832 762	9 243 088
2009	38 751 548	31.9	17 518 583	21 232 965	–3 714 382

a. 根据历年《中国海关统计年鉴》的相关资料整理所得。b. 俄罗斯为进口原产国、出口最终目的国。

2011 年 12 月 16 日，世界贸易组织第八次部长级会议正式批准俄罗斯加入世贸组织，俄罗斯 18 年入世历程由此画上了句号。根据入世协议，俄罗斯总体关税水平将从 2011 年的 10% 降至 7.8%。其中，农产品总体关税水平将从目前的 13.2% 降至 10.8%，工业制成品总体关税将从 9.5% 降至 7.3%。协议生效后，俄罗斯有义务立即对超过三分之一的进出口税目执行新关税，另有四分之一税目将在三年内调整到位。入世协议对俄罗斯的一些产品给予了较长的关税保护期，其中禽肉制品保护期最长，为八年，汽车、直升机和民用航空器为七年。世贸组织总干事帕斯卡尔·拉米表示，俄罗斯入世对于俄本国和多边贸易机制来说都是历史性时刻。

俄罗斯加入世贸组织为中俄边境贸易的发展扫清不少障碍。中国有望抓住俄方入世的良好时机，以及中俄两国签署《中国东北地区同俄罗斯东西伯利亚及远东地区合作规划纲要（2009—2018）》和后贝加尔斯克筹建经济特区的历史机遇，通过与俄谈判，深化交流、合作，扩大对外开放，实现双边边境贸易的转型升级，向着贸易和投资自由化、便利化迈进。

从内蒙古对外贸易的国家来看，目前俄罗斯占着重要的地位。从表 1 – 13 可以看出，俄罗斯在内蒙古外贸出口国中的位列逐年攀升。2009 年俄罗斯位列第三。俄罗斯对内蒙古的对外贸易影响巨大，因此，加强中俄边境贸易非常重要。另外，俄罗斯远东地区有着非常广阔的市场，这使得内蒙古地区开展与俄罗斯有关的边境贸易极具潜力。

（三）内蒙古独特的区位优势，为边境贸易的发展提供了广阔的平台

内蒙古连接蒙古国、俄罗斯，在全区 4261 多公里的边境线上，现有对外开放的口岸 19 个，建有边境口岸的旗（市）有 12 个，其中满洲里和二连浩特被列为沿边开放城市，在边境口岸设有海关、边检、三检等边境贸易监管机构。内蒙古具备的良好的边境贸易硬件环境，为边境贸易的发展夯实了基础。

在全国分布来看，内蒙古处在蒙古国、俄罗斯与我国中南部的对称中心位置，可以发挥北开南联、东进西出的优势，以及联结国内市场和周边国家市场的桥梁和纽带作用。内蒙古作为双边贸易的载体平台和双边产业结构差异的中间地带，能够充分发挥领土接壤、国家毗邻的地理优势，一方面输入国内紧缺的矿产资源、木材、畜产品资源等，把这些原材料运往中国内地、东部沿海地区，支持新型工业化建设，另一方面输出国内的消费品、轻工业的产品，有效地开拓俄罗斯西伯利亚地区和蒙古国的市场。可见，内蒙古在中俄、中蒙贸易中发挥着重要的进出口代理的作用。

四、内蒙古边境贸易发展的困境及原因分析

从1996年至2009年，内蒙古贸易总额从124 980万美元扩大到676 400万美元，年均增长率为13.87%，内蒙古边境贸易总额从49 602万美元增加到2009年的277 221万美元，年均增长率为14.15%（见表1－15）。

表1－15　1996—2009年内蒙古边境贸易总额表

单位：万美元

年份	边境贸易进出口总额	内蒙古贸易总额	边境贸易占内蒙古进出口贸易额的比重（%）
1996	49 602	124 980	39.69
1997	46 710	131 026	35.65
1998	39 110	138 581	28.22
1999	66 401	160 486	41.37
2000	59 427	203 596	29.19
2001	124 065	254 819	48.69
2002	163 000	300 494	54.24
2003	142 976	311 353	45.92
2004	163 990	404 865	40.50
2005	190 998	487 000	39.22
2006	230 000	594 700	38.67
2007	300 400	774 500	38.79
2008	415 400	893 300	46.50
2009	277 221	676 400	40.98

根据历年《中国商务年鉴》（中国商务年鉴编委会编）和《内蒙古口岸》（内蒙古自治区人民政府口岸办编，2010年）的相关资料整理所得。

表1－15说明13年来内蒙古边境贸易的增长幅度与贸易总额增长幅度大致相近，但也反映出多年来内蒙古边境贸易额在全区对外贸易总额中的占比徘徊不前，一直在40%左右波动。

2005年到2009年，内蒙古边境贸易额占全区进出口贸易额的比重分别为39.22%、38.67%、38.79%、46.50%、40.98%，竟然与10年前的1996年的39.69%占比接近（见图1－6）。此外，相对于本来就薄弱的内蒙古外贸来说，40%的边境贸易占比则意味着边境贸易额规模越为"渺小"和"微弱"。内蒙古从2002年到2009年GDP年均增速为17.6%，增速连续7年居全国之首，创造了颇具代表性的"内蒙古模式"。但是边境贸易没有取得相应的发展，规模较小，相对落后。边境贸易没有发挥出对全区对外贸易的作用和地位，对全区外贸的贡献度有限。

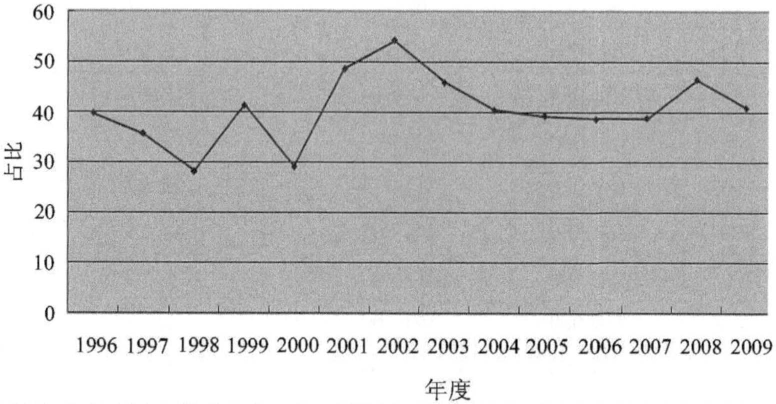

图1－6　1996—2009内蒙古边境贸易额占全区进出口贸易额的比重

内蒙古边境贸易未能做大做强、迅速发展的原因在于：

从产品结构分析，边境地区既有工业中，高能耗、高污染的资源型产品所占比例较大，产业链条短，工业精深加工产品较少，高技术含量、高附加值的产品缺乏，“微笑曲线”① 两端缺失，进出口商品结构单一，进口主要以自然资源为主，出口主要以农产品和日用轻工业品为主。“以内蒙古东乌旗珠恩嘎达布其口岸为例，该口岸与蒙古国接壤，从蒙古进口的商品以原油、煤炭、有色金属为主，而出口的商品则以粮油、蔬菜、百货、服装、建材和家用电器为主。”②

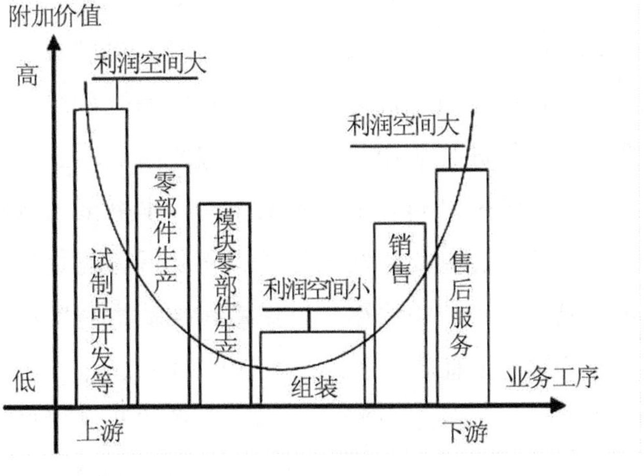

图 1－7　微笑曲线

---

① “微笑曲线”指像微笑时嘴型的一条曲线，两端朝上。微笑曲线中间是制造；左边是研发，属全球性竞争；右边是营销，为当地性竞争。当前处于中间的制造所产生的利润较低，制造业已供过于求，但是研发与营销的附加价值高，因此，产业未来应朝微笑曲线的两端发展。

② 包桂荣：《边境贸易发展中的政策与争端解决机制问题研究》，12 页，2011 年 5 月 6 日在内蒙古全区法院中蒙俄边境贸易纠纷理论与实务研讨会上的讲话稿。

从产业结构来看，边境地区产业结构不合理，创新能力不强，接续发展能力弱，经济周期性波动大。科技文化和信息化水平与东部地区相比，仍然相对落后，科技基础能力相对较差，技术创新成果本地化扩散能力相对而言薄弱。

从企业性质和所有制结构来看，中小企业和非公有制经济发展能力差，从总需求来看，主要靠投资拉动，经济外向度不高。

总而言之，“边境地区没有形成多元发展、多极支撑的接续替代产业和可持续发展长效机制”，“缺乏高端产业支撑，企业发展后劲不足”的瓶颈不仅是造成这一时期边境贸易缓慢增长的原因，也是目前内蒙古边境贸易存在的问题和难点。如何加快产业升级、促进企业创新、打造高端产品是内蒙古边境贸易发展必须突破的困局和未来发展的方向。本书试图从法律政策的角度，来探讨边境贸易发展的状况和分析边境贸易存在的问题，进而提出完善相关法律，以保障和推动边境贸易的健康发展，旨在从源头上释放活水、在机制上平添灵活。

作为国际贸易的组成部分，边境贸易涉及进出口结算、检验检疫、关税费用等环节。本书针对内蒙古的具体实际情况，探讨在边境贸易的进出口结算、检验检疫、税收财政等环节制定更加灵活的法律政策。边境贸易要做大做强，必须转变传统思路，拓展固有模式，促进其纵深发展。为此，本书提出在边境城市设立和完善海关特殊监管区：对边民互市贸易区应加强管理，制定更加灵活的法律措施；在沿边开放城市设立综合保税区。在边境贸易过程中，难免会产生纠纷。如何有效解决边境贸易纠纷案件、保障双边贸易主体的合法权益，无疑是边境贸易良性发展的重要环节。本书还探讨了边境贸易司法保障途径完善和健全的问题。

第二章　内蒙古边境贸易法的实施研究

第一节　内蒙古边境贸易金融法制研究

2002 年 2 月，蒙古国贸易发展银行在中国农业银行二连浩特支行开立了人民币账户，正式开通对蒙古国的人民币结算。由于蒙图大幅贬值和人民币币值的稳定、坚挺，蒙古国对人民币的认可和接纳度较高，在蒙古国首都和毗邻中国边境地区可进行贸易结算和自由流通，因此人民币在两国进出口结算和边境民间自由贸易方面逐渐取代了美元等货币的结算功能。但是，本币结算在我国对俄罗斯边境贸易中进展非常缓慢，积极推广人民币跨境结算在边境贸易结算中有诸多作用和好处，对于树立中国的大国形象，加快人民币成为世界结算货币的进程具有促进作用，所以应在对俄边境贸易中积极推行人民币结算。

一、中俄边境贸易的主要结算方式

对俄边境贸易主要存在三种结算方式，分别是银行转账结算、民间“对打结算”和现钞结算。

（一）银行转账结算

银行转账结算分为三种方式：一般结算、边贸结算和“背靠美元”的本币结算。

1. 一般结算

一般结算是指通过选择欧美银行作为中间行，实现中俄银行之间资金清算的一种间接结算方式。欧美等国的大型商业银行最早建立了国际银行间资金清算体系，具有清算速度快、商业信誉高、实力强、网络覆盖面广、客户群体庞大等特点，因此，通过欧美等第三国银行转汇的间接结算较为普遍。

以农行为例，其大致过程为：农总行在一家美元一级清算银行，如纽约梅隆银行开立了美元结算账户，而俄罗斯莫斯科银行在另外一家美元一级清算银行，如摩根大通开立了美元结算账户，农总行与全国系统内各个分支机构均可直接清算，俄罗斯莫斯科银行与其境内各分支机构同样可以直接清算，这样满洲里农行发出的一笔汇款报文经由系统内网络传送到农总行，由农总行再发往有账户关系的中间行纽约梅隆银行，因为美元一级清算银行间具有自动查询客户开户机构以及资金自动清算的功能，所以该笔资金会自动清算到摩根大通银行的莫斯科银行账户内，从而实现资金跨国清算。最后，由摩根大通银行总行依据付款报文中的相关要素，将资金清算到最终受益人账户内。

据统计，满洲里市 2011 年的一般结算合计金额为 8128 万美元，占国际结算的比重为4.39%。从表2－1可以看出，2007—2011年，一般结算在国际结算中的占比呈逐年下降之势。从2007年的33.43%的占比到2011年仅为4.39%的占比。一般结算呈逐年下降之势的原因主要在于一般结算相比边贸结算，增加了企业的交易成本。一般结算通常需要1～2天，比边贸结算多了20～36小时，且需支付第三国银行手续费，一般为15～20美元/笔。

表2－1　2007—2011年满洲里一般结算、边贸结算和本币结算金额表

单位：万美元

年份	国际结算	一般结算	国际结算中占比%	边贸结算	国际结算中占比%	本币结算		国际结算中占比%
						卢布	人民币	
2007	215 403	72 024	33.43	143 360	66.55	11	8	0.00
2008	170 782	50 238	29.42	120 399	70.50	120	25	0.08
2009	1110 11	17 189	15.48	93 432	84.16	368	22	0.36
2010	127 664	7390	5.79	118 934	93.16	1089	251	1.05
2011	185 218	8128	4.39	165 454	89.33	2140	9496	6.28

数据来源：中国人民银行满洲里市支行。

2. 边贸结算

边贸结算即中俄银行间建立直接清算账户，单设或互设外币（目前仅限美元和人民币）结算账户，双方均在对方银行设立的外币账户内保留清算资金，通过SWIFT系统发送支付指令，接到指令的一方银行以该指令为依据，从其账户内扣减相应资金支付给受益人，从而实现跨境资金清算。当该账户内资金不足时，再通过前述一般结算方式的途径向账户内调入资金，此时的结算性质为银行间头寸划拨。边贸结算一般为3～5美元/笔。边贸结算的成本包括1‰的手续费、70元的电传费和10元工本费（有的边境地区银行，如满洲里地区的金融机构普遍免收该项费用），银行汇兑收益约为120元人民币/万美元。

截至2011年末，呼伦贝尔市中俄口岸地区外汇指定银行与俄罗斯银行建立了14个账户行关系，涉及俄罗斯的7家银行，10家为单设账户①，5家为互设账户。目前，此种结算方式在中俄贸易结算中的占比逐年提高，成为中俄边境贸易的主要结算方式（见表2－2）。据统计，满洲里市2011年边贸结算合计金额165 454万美元，占国际结算的比重为89.33%。

表2－2　满洲里与俄罗斯签约账户情况（截至2011年）

银行名称	外方账户行名称	建立账户行时间	单/双方设立账户	账户币种
中行	俄罗斯联邦储蓄银行贝加尔分行	2004.09	互设	美元
	俄罗斯新莫斯科银行红石分行	2010.09	互设	本币
工行	俄罗斯联邦外贸银行赤塔分行	2001.07	单设在俄罗斯	美元
	俄罗斯联邦储蓄银行贝加尔分行	2009.12	单设在俄罗斯	美元
	俄罗斯联邦储蓄银行贝加尔分行	2003.03	互设	美元
	俄罗斯交通信贷银行赤塔银行	2003.01	单设在中国	美元和人民币
	俄罗斯工业服务银行	2010.04	单设在中国	美元和人民币

① 俄方账户单设在中国的原因：俄方的中央银行，如储蓄银行，有雄厚的实力，信用等级高，中方银行愿与之建立双向关系，互设账户。但俄方的一些银行信用等级低，按中方的银行业管理制度，中方总行不允许与之建立账户关系，所以账户单设在中国或俄罗斯。

续表

银行名称	外方账户行名称	建立账户行时间	单/双方设立账户	账户币种
农行	俄罗斯联邦外贸银行赤塔分行	2000.08	单设在俄罗斯	美元
	俄罗斯联邦储蓄银行贝加尔分行	2002.03	单设在俄罗斯	美元
	俄罗斯远东对外贸易银行	2003.06	单设在中国	美元
	俄罗斯乌兰乌德股份制商业银行	2004.01	单设在中国	美元
	俄罗斯联邦外贸银行赤塔分行	2005.12	互设	本币
	俄罗斯远东对外贸易银行	2005.12	互设	本币
	俄罗斯联邦储蓄银行贝加尔分行	2006.09	单设在俄罗斯	卢布
	俄罗斯工业服务银行	2010.06	单设在中国	美元
建行	俄罗斯联邦储蓄银行贝加尔分行	2003.03	互设	美元
	俄罗斯交通信贷银行赤塔银行	2008.09	单设在中国	美元和人民币
	俄罗斯工业服务银行	2009.06	单设在中国	美元和人民币

资料来源：中国人民银行满洲里市支行。

3. “背靠美元”的本币结算

“背靠美元”的本币结算是指中方商业银行在俄罗斯设立美元和卢布账户，俄方银行在中国设立美元和人民币账户。当中方需要向俄罗斯汇出卢布时，通过询报价过程确定美元兑换卢布的价格，然后通过 SWIFT 系统发出指令，要求俄方银行按照约定汇率从中方美元账户内结汇若干美元，所得卢布资金存入中方卢布账户内，用于支付中方的卢布汇款。相反，如果俄方需要向中国汇入卢布时，只需将相应资金存入中方卢布账户内，然后发送报文通知中方银行即可。客户如需结汇，中方银行则需向俄方银行询价，确认卢布对美元的汇率，卖出卢布，买入美元，依据所得美元，按境内汇率结汇成人民币并存入客户账户内，完成结汇过程。中方向俄方汇出人民币及俄方向中方汇入人民币的过程与此相同。“背靠美元”的本币结算与本书所说的“真正的”本币结算相对应。

2005 年 8 月和 2006 年 9 月，中国农业银行满洲里分行与俄罗斯联邦外贸银行赤塔分行、俄罗斯联邦储蓄银行贝加尔分行签订了双方本币结算账户协议。[①] 2007 年 8 月，满洲里对俄罗斯出口首次用人民币结算货款，标志跨境贸易人民币结算的开始。从此本币结算开始了“蜗牛式”的增长，在国际结算中的占比从 2008 年的 0.08% 上升到 2011 年的 6.28%（见表 2－1）。2011 年，本币账户中，卢布结算金额为 2140 万美元，人民币结算金额为 9496 万美元。本币结算业务的开展为中俄边境地区的贸易增加了新的结算渠道，有助于推进人民币区域化进程，但由于基础条件的欠缺和多种因素的制约，中俄本币结算的进展依然缓慢。

① 根据中俄两国央行签订的《关于边境地区贸易的银行结算协定》，2003 年 1 月 1 日，中俄边境地区贸易银行结算试点工作在黑龙江黑河市与俄罗斯布拉戈维申斯克市正式启动。根据中俄两国央行于 2004 年 9 月 24 日签署的将边境贸易本币结算扩大到中俄所有边境地区的纪要，2005 年 8 月 11 日和 2006 年 9 月 19 日，中国农业银行满洲里分行先后与俄罗斯联邦外贸银行赤塔分行、俄罗斯联邦储蓄银行贝加尔分行签订了双方本币结算账户协议。

（二）民间“对打结算”

在边境贸易结算中，出现了一种民间的“对打结算”模式，满洲里当地俗称“串人民币”结算。比如，中方客商出口蔬菜、水果到俄罗斯后，直接通过批发、零售，收取卢布现钞，出口商因为缺少正规的结算核销手续而无法通过金融机构将资金汇入国内。又如，中国的木材进口商在俄罗斯需要携带大量卢布现金，深入林区收购木材，而俄罗斯金融机构规定提取现金按比例收取手续费，从而增加了收购成本。在这种供需条件的刺激下，民间市场的“对打结算”模式应运而生，产生了民间专业中间兑换机构。

民间“对打结算”的操作流程是：依据当天的市场汇率，中国的出口商的国外代表将卢布现金交付俄罗斯中间兑换商后，通过电话沟通，其国内代表立刻在中国国内兑换商处取得人民币现金。相反，中国的进口商的国内代表将人民币现金交付国中间兑换商后，通过电话沟通，其国外代表立刻在俄罗国内兑换商处取得卢布现金。这种方法避开用美元计价结算，也不通过银行转账汇款，在俄罗斯就地消化了卢布货款，实质性的结算过程非常简单，资金的具体运转过程及跨境调拨等都由中间兑换机构通过非正常渠道完成。

目前，此结算方式的业务量无法准确统计，但仍占有相当的比例。此种结算方式虽然快捷、方便，费用低廉，可避免汇率变动的风险，提高企业的生产效率和经济效益，但是“对打结算”方式游离于银行监管体系之外，给进出口监管带来了影响。"一是进口不需要付汇和核销，游离于监管之外，导致外汇局统计的进口付汇金额小于实际进口。二是出口不通过银行结算，企业无法核销，逾期未核销催核难。三是进口商的进口报关单囤积在代理公司手中，代理公司有可能用手里积压的进口报关单按'货到'操作，导致进口付汇统计数据失真。"①

（三）现钞结算

1. 银行卡跨境使用

银行卡跨境使用包括我国银行卡在俄罗斯境内使用和俄方银行卡在我国境内使用。2006 年 2 月，进境的俄罗斯人开始能够在满洲里使用俄方银行卡，主要有万事达、Visa 卡等。满洲里的商业银行在多个公共场所和大型商场设置了 ATM 自动提款机，并附有俄文操作流程，以方便俄方人员使用。来自境外的俄方银行持卡人在中国境内 ATM 提款机上可支取人民币，借记卡每笔提钞限额 2500 元，每日支取上限额度为 2 万元人民币。为拓展俄罗斯的市场，2007 年 3 月，中国银联在俄罗斯正式开通银联卡服务业务。持中方银联卡可在俄罗斯全境的 ATM 机上提取卢布现钞和在 POS 机上刷卡支付（境外使用的中方银联卡目前都用美元进行中间折算）。中国银联在俄罗斯市场服务业务的开通，减少了口岸地区的现金流量，推动了人民币区域化。银行卡境内外服务业务的开展，方便了中俄旅游人员和边贸企

① 于峰、苏利德：《对内蒙古中俄边境贸易本币结算进展缓慢的成因调查》，载《北方经济》，2009（5）。

业，促进了边民互市贸易的发展。

2. 人民币、卢布现钞的跨境流通

（1）卢布现钞在内蒙古对俄口岸内流动

目前，满洲里4家外汇指定银行（工商、农业、中国、建设）具备结汇、售汇资格的有42个网点，均可办理自由兑换货币的结汇、售汇业务，其中经常办理外币兑换业务的网点有8家，但只有农行满洲里分行第二储蓄所能够办理人民币与卢布的兑换业务（现钞对现钞）。缘于卢布现钞无法跨境调运、移存和消化，为了避免汇率风险，银行人员只能到“地摊银行”去兑换。卢布与人民币兑换业务由于先于设计和基础条件不足，目前“官方”兑换业务已被迫停办。

与“官方”兑换业务的冷清相比，卢布与人民币的民间兑换业务开展得如火如荼，从满洲里口岸入境的俄罗斯商人，对人民币的需求量较大[①]，但缺乏规范的民间兑换业务存在许多安全隐患。为加强民间外币兑换业务的管理，2006年4月，经满洲里市政府批准，在银行、公安等部门的配合下，在大型商场、超市和涉外宾馆内设立了15个外币代兑点，明确要求在指定的固定兑换点进行卢布和人民币的兑换业务。[②] 俄罗斯游客入境时

---

① 据《满洲里市2010年国民经济和社会发展统计公报》的数据，满洲里2010年全年边境旅游人数为62.2万人。其中，中方出境9.9万人，俄方入境52.3万人。旺季平均每天为2000~2500人，淡季平均每天为1000~1500人。参见满洲里市统计局编：《满洲里市2010年国民经济和社会发展统计公报》，颁布日期：2011年2月17日。

② 参见满洲里市政府：《关于规范管理满洲里市民间外币兑换市场的通告》，颁布日期：2006年。

一般都携带卢布或美元，然后在上述指定外币代兑点换成人民币，进行消费。现在在满洲里市的许多商品零售和批发市场，中方业主也愿意接受小额卢布现金支付，积聚一定金额后，到民间兑换机构换取人民币，以挣得差价。笔者从满洲里民间外币兑换处了解到，近年来用卢布直接交易的数额逐渐增多。

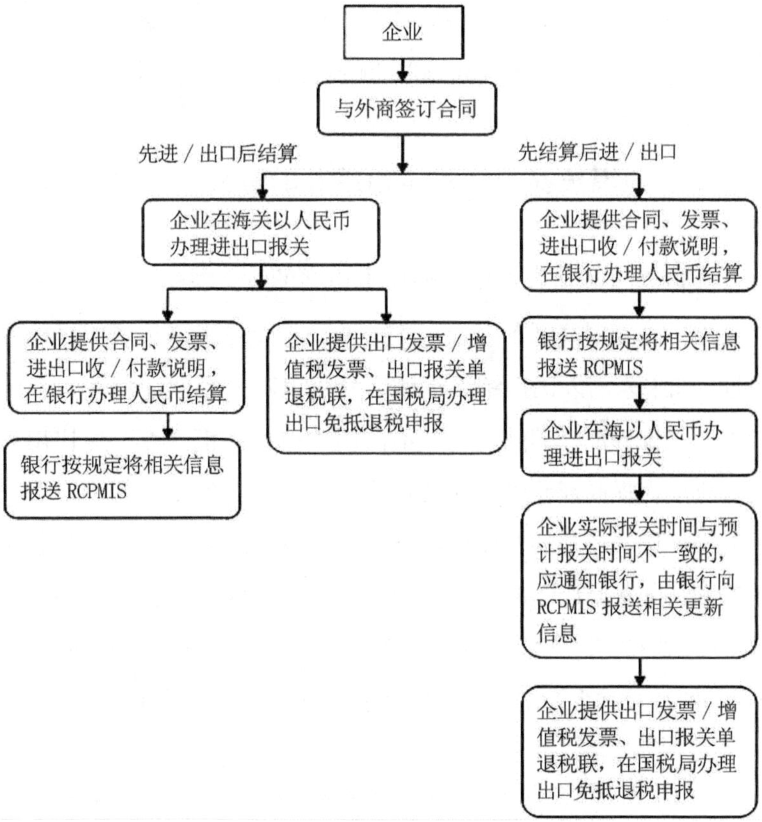

图 2－1　企业办理跨境贸易人民币结算流程图

（2）人民币现钞在俄罗斯境内流动

目前，俄罗斯人对人民币的接纳程度不高，人民币在俄境内还无法实现流通。虽然早在2006年俄罗斯就宣布卢布为可自由兑换货币，也公布了人民币与卢布的汇率，但是人民币流到俄罗斯境内的数量还是非常少的。“凡准备出境人员在出境前大多提前将人民币兑换成卢布或美元而后携带出境。只有少量人民币通过满洲里口岸流入相邻的俄罗斯后贝加尔斯克地区，且多数在做生意的中方客商手中，俄罗斯腹地基本没有人民币流通。”①

二、边境贸易中使用本币结算的意义

在内蒙古边境贸易中，使用本币结的意义在于：

第一，相对降低了企业成本，调动了企业发展边境贸易的积极性。如果采用人民币结算退税，就可以降低企业的汇率风险和成本，减少外汇核销的过程，不占用出口可收汇额度，加快出口退税进度，提高经营资金周转速度，增强企业的生存能力，调动企业发展边境贸易的积极性。“据测算，采用收汇方式出口货物退税时间一般在60天左右，最短也要35天，收回货款的时间大约在20天到40天；而采用人民币结算货物出口退税一般在40天左右，最短的在15天左右，收回货款则只需大约5至10天。”②

① 张子君：《内蒙古对俄口岸本币结算进展缓慢的调查》，载《内蒙古金融研究》，2008（2）。

② 《关于云南省边境小额贸易出口货物以人民币结算办理退税试点工作》，载新浪财经，2009－07－06。

第二，增强了边境贸易结算资金的安全性和便利性。实行人民币结算退税，一部分边贸企业会转向选择银行结算，从而把边境贸易中的现金结算纳入银行结算中来，有助于实现对人民币资金流动的监测，提高资金结算的安全性和便利性。

第三，有助于推动人民币区域化。由于我国的周边国家普遍存在外汇短缺的问题，特别是蒙古国的外汇储备有限、本币贬值厉害，而人民币币值稳定，因此中蒙边境地区的蒙方企业更倾向于用人民币结算。此外，人民币结算的实行也方便了我国与周边国家开展边境贸易、服务贸易和跨境投资等经济活动，增加了人民币在周边国家，乃至亚洲更多国家的存量和流通规模，有助于推动人民币区域化。

三、中俄“真正的”本币结算难以推广的原因分析

由于卢布与人民币还没有完全实现可自由兑换，所以双边本币结算都是通过美元进行套算的。中国客户想通过中方银行将人民币款项汇入俄罗斯时，中方银行收到客户支付的人民币后，折算成美元后，再汇入俄方银行本币结算账户，俄方银行将收到的美元折算成卢布后，再划入收款人账户。双边银行本币结算账户内的资金为美元清算，人民币不能够由中国的进口商原币划转给俄方出口商，这种“背靠美元”的本币结算还不是完全和真正意义上的本币结算，即本书所说“真正的”本币结算。人民币或卢布套用美元等币种结算，使得边境贸易的结算成本与普通的国际汇兑相比，并没有特别明显减少。

（一）银行方面的原因

在对俄各口岸中，只有满洲里口岸的商业银行与俄方建立了多个银行账户行关系，满洲里口岸银行的本币结算方式目前只以汇款为主，信用证、保函等业务品种使用较少，更为主要的原因在于：

一是中俄两国中央银行没有对应设立边境贸易银行清算中心，双方商业银行之间的清算渠道无法建立，卢布和人民币现钞无法跨境调运、移存和消化，双方商业银行出于汇率风险及信誉风险等担心和考虑，不愿接受卢布和人民币。曾经为了避免汇率风险，我国的农业、工行等外汇指定银行工作人员被迫只能到“地摊银行”去兑换，这既存在较大的风险，也不符合我国银行的业相关规定。加之，俄方商业银行市场准入门槛低，信用等级相对较弱，中方银行往往不愿与其开展本币结算等业务合作。

二是中俄两国商业银行本币账户单边设置。中俄两国银行的本币账户为单边设置，即俄方在中方只设立人民币账户，中方在俄方只设立卢布账户。为尽可能规避和防范汇率风险，两国银行不会保留人民币、卢布头寸余额，即在每日营业终了时，都会将余额折成美元调入国内或存入在对方开立的美元清算账户，俄方的人民币账户和中方的卢布账户的余额始终保持为零。中俄银行本币账户的单一设置影响了“真正的”本币结算业务的开展。

三是会计核算系统程序设置影响本币结算的开展。由于卢布还不是国际流通货币，在银行国际结算的 SWIFT 系统程序设置中没有卢布币种，因此在录入 SWIFT 系统时，还要将卢布折算成美元，不仅繁琐、复杂，而且不便于人民币结算。

（二）企业方面的原因

与蒙古国不同，俄罗斯境内对人民币的认知度不高，同时俄罗斯银行没有开办人民币的业务，俄罗斯人手中的人民币无法消化和使用。因此，当中方边贸企业在进出口贸易合同中要求用人民币进行结算时，俄方企业往往会拒绝签约，无奈中方边贸企业只得接受美元结算。此外，俄罗斯卢布的币值不稳，贬值明显，中方边贸企业因此担心卢布汇率波动幅度太大，影响其利润收入，不愿选择卢布结算。

（三）贸易政策方面的原因

一是我国海关系统不能接受卢布直接报关，一定程度上影响了企业本币计价结算的推行。由于卢布在我国还不是可自由兑换货币，我国海关没有将其作为报关币种，因此双方签定的选择人民币或卢布结算的合同还不能在海关顺利报关，需要折算后，再进行报关，从而在客观上影响了企业本币计价结算的愿望，也不利于我国对俄贸易的发展。

二是人民币结算出口退税政策未能有效实行，抑制了本币结算业务的拓展。国家有关政策规定，从 2009 年 7 月起，内蒙古、黑龙江等 8 个边境省（区）具有进出口经营资格的企业，可以在指定口岸与毗邻国家的一般贸易和边境小额贸易中，对出口货物开展人民币结算试点。其中，内蒙古等四省（区）被核准参与试点的企业的跨境贸易人民币结算不纳入外汇核销管理，办理报关和出口货物退（免）税时，不需要提供外汇核销单。境内结算银行和境内代理银行应当按照税务部门的要求，依法向税务部门提供试点企业有关跨境贸易人民币结算的资料。8个边境省（区）的其他企业在指定口岸与毗邻国家的一般贸易和边境小额贸易使用人民币结算的，并采取银行转账人民币结算方式的，可享受应退税额全额出口退税政策，外汇管理部门对上述货物出具出口收汇核销单。企业在向海关报关时，应提供出口收汇核销单，对未及时提供出口收汇核销单而影响企业收汇核销和出口退税的，由企业自行负责。① 中俄银行间虽然试图努力扩大本币结算业务，但是目前内蒙古边贸企业出口商品用人民币结算的，还不能享受人民币出口退税的优惠政策，使得企业出口以人民币结算的愿望不强烈。

四、促进对俄“真正”本币结算的法律建议

（一）银行方面

第一，建立中俄边境地区银行清算中心，中俄两国中央银行承担资金清算工作并掌握汇率波动的范围。

---

① 参见中国人民银行、财政部、商务部、海关总署、税务总局、银监会：《关于跨境贸易人民币结算试点管理办法》（联合公告［2009年］10号），生效日期：2009年7月1日，发布日期：2009年7月1日。

近年来，中俄边境贸易额逐年增加，建议两国签署“中俄中央银行边境贸易清算协议”，加快双边本币结算进程。在现有环境及条件下，两国央行对应设立边境贸易银行清算中心（中方央行可在俄方央行开立人民币计息清算账户，俄方央行可在中方央行开立卢布清算账户），各外汇指定银行通过其总行实现直通式平盘，不保留卢布隔夜敞口头寸，以规避汇率风险和信誉风险，而由中俄两国中央银行各自保留本币头寸。现钞的调拨也收归两国中央银行负责，使银行信用转化为政府信用。具体操作方法为：依当日牌价，双方中央银行同时交换货币，可以规避双方商业银行的汇率风险和信誉风险。“央行清算中心通报汇率是为达到预警目的，这样可以使商业银行根据市场行情自主选择其卢布账户余额的处置方式。”① 这样就可以做到中俄之间直接通汇、直接结算，从而降低银行间的信用风险。

第二，改变目前本币账户单边设置的缺陷，中俄双方银行在对方银行设立双本币账户。

各外汇指定银行应增设人民币、卢布双币种账户，“每日营业终了，双边口岸银行可根据对方意愿，将人民币或卢布的账户余额，按当日公布的人民币与卢布的兑换汇率，折算成各自本币，存入在对方银行开立的人民币或卢布账户，降低本币结算业务经办行的汇率风险。”② 双向设置本币结算账户，使客户

① 张志权、邵校、孟伟：《中俄边境贸易中结算问题研究》，载《科技创业月刊》，2009（1）。

② 于峰、苏利德：《对内蒙古中俄边境贸易本币结算进展缓慢的成因调查》，载《北方经济》，2009（5）。

能够选择以人民币或卢布进行结算，自由开立本币账户，充分发挥结算主体选择结算币种的市场意愿。这样既方便了客户结算，满足了中俄本币结算业务发展的实际需要，又能够使外汇指定银行将卢布账户余额及时调回，解决卢布账户余额在利用美元通汇结算方式将资金调回过程中，俄方占用中方资金的问题。双本币账户结算渠道的畅通有助于扩大人民币在俄罗斯的影响力，为实现人民币区域化奠定基础。

第三，制定人民币与卢布的直接汇率，实现会计核算系统升级。

开展两国本币结算业务有助于增加边境地区银行的利润和收入，为此各外汇指定银行总行将积极成为卢布外汇市场的交易商，参与制定人民币与卢布的直接汇率。实现会计核算系统升级，可把本币币种引入到核算系统中去，在系统内增设对方货币代码，做到及时入账、及时平仓，实现真正意义上的本币结算。会计核算系统的升级为实现本币结算提供了平台和保障，提高了两国银行间的清算效率和速度，提升了双方银行的服务水平，降低了双方银行的经营成本。

第四，支持边境地区银行开展卢布业务，增加结算渠道和结算品种。

边境地区银行应强化口岸金融服务，支持边境地区银行分支机构办理卢布业务，设立兑换网点，开展本币汇兑业务，允许开办卢布、人民币的储蓄业务。在双方边境地区开办银行卡业务，用于提取本币现钞和支付结算，建立银行卡境内外持卡人服务体系，积极拓展本币结算渠道，增加结算品种，鼓励开办信用证、保函等。这样既可以做到中俄之间直接通汇、直接结算，又可以降低银行间的信用风险，更好地规范两国边境地区的结算秩序。

（二）贸易政策方面

第一，边境口岸地区海关应实现人民币或卢布结算报关。

建议有关部门协调海关将人民币和卢布作为报关币种，纳入海关进出口报关单处理系统，实现人民币或卢布结算顺利报关，方便更多的企业在边贸经营活动中，选择本币进行计价结算。

第二，简化核销监管手续，实行人民币出口退税政策。

在双方商业银行还不能实现真正的本币结算的前提下，国家可先行人民币出口退税政策。“建议上级行局在边贸进口付汇核销业务中，对于贸易方式为边境小额、单笔报关单金额在等值5000美元以下的进口货物报关单免于电子底账二次核查，外汇局事后与海关进行报关单总量核验，抓大放小，提高监管效率。”①

（三）企业方面

加强中俄本币结算的宣传力度，增加社会认知度，鼓励边贸企业尽可能使用人民币进行贸易计价和结算。

五、边境贸易金融服务体系法制创新

为促进内蒙古边境贸易的发展，应推进金融综合配套改革

① 张子君：《内蒙古对俄口岸本币结算进展缓慢的调查》，载《内蒙古金融研究》，2008（2）。

创新，在金融企业、金融业务、金融市场和金融开放等方面大胆试验。

（一）探索建立区域性国际金融服务中心和开设地方银行

考虑建立区域性国际金融服务中心，拓展国际金融业务，开展离岸金融业务试点，放宽各类商业和股份制银行在满洲里和二连浩特分支机构经营外汇业务的审批条件，扩大跨境贸易人民币结算试点范围，开展居民个人本外币兑换特许业务，允许个人人民币境外投资。

适当放宽在内蒙古边贸地区开设区域性银行的准入标准。相对于国有商业银行，地区性金融机构的优势在于有更多的动力支持当地经济发展，因为地区性金融机构本土化生存，有更加便利的条件了解边贸企业的资信情况，及时对企业融资能力和行业发展态势进行考察。因此，应鼓励国内外各类商业和股份制银行、证券公司、信托投资公司、金融服务公司在满洲里和二连浩特设立分支机构，组建满洲里和二连浩特的地方银行，由国家政策性银行给予业务指导和资金扶持。同时，进一步发挥农村信用合作金融组织在我国金融服务领域的独特定位与功能，充分利用其在偏远地区机构分布上的优势，更好地服务于边境贸易。对地方性银行实施差别存款准备金率，对从事边境贸易的中小企业贷款实行优惠利率，完善货币政策传导机制，提供紧密服务当地的金融服务。此外，还要设立中俄地区合作发展基金。①

（二）拓宽直接融资渠道，保护合理、合法的民间借贷，全面激活金融市场竞争

拓宽直接融资渠道，鼓励建立各类投资基金、创业投资基金，推动私募股权投资、产业投资基金等股权投资市场发展，鼓励符合条件的各类企业发行债券、上市融资。

与正规金融机构融资相比，民间金融机构有其自身特点和优势，如手续便捷、方式灵活、交易成本低、信息搜集及时、贷款催收方式灵活和风险控制机制特殊等。民间金融机构的存在在一定程度上解决了部分社会融资需求，特别是缓解了一些中小企业的资金困难，增强了经济运行的自我调整和适应能力，有利于形成多层次信贷市场，满足各类市场主体的融资需求。可以说，民间借贷是正规金融有益和必要的补充。

民间借贷一直以来被打入“冷宫”，游离于正规金融之外，央行、银监会、地方政府金融办对民间借贷虽然都负有管理职责，但是实际上民间借贷处于无人具体管的过程中，所以民间借贷存在着交易隐蔽、风险不易监控以及容易滋生非法集资、洗钱犯罪等问题。对于民间借贷，与其“堵”，还不如“疏”。这就需要通过修订与完善相应的法律法规予以引导和规范，严格区分民间借贷和非法集资，规范小额贷款融资额度等。②

---

① 参见国家发改委：《东北振兴“十二五”规划》，颁布日期：2012 年 3 月 22 日。

② 参见最高人民法院：《关于人民法院为防范化解金融风险和推进金融改革发展提供司法保障的指导意见》，颁布日期：2012 年 2 月 21 日。

建议在内蒙古边境口岸城市展开试点，实行利率市场化，保护合理、合法的民间借贷，鼓励民间借贷规范化、阳光化运作，满足社会多元化融资需求。具体方法：一是推进建立村镇银行体系和社区性中小银行。当民间借贷机构与不特定的自然人和非金融机构经济组织发生借贷法律关系时，应当向金融监管机关申请批准，取得经营金融业务许可证，成为合法的村镇、社区银行等金融机构，方可开展业务。二是建立以市场为核心的民间借贷登记制度。只要民间融资主体接受利率限制并提供无限责任承诺，就可以通过在市场管理机构注册登记，进入信贷市场，开展信贷业务活动，而那些未进行注册登记的民间融资主体从事的借贷活动就会被认定为非法。三是要依法加强监督和引导投资咨询公司、担保公司等机构的借贷活动。四是研究、试点与完善民间借贷跟踪监测体系，为经济决策及宏观调控提供更为全面的信息。

（三）加强两国金融部门的合作和信息沟通

中俄两国中央银行《关于边境地区贸易的银行结算协定》明确规定，中方边境地区省级人民银行应与俄方毗邻州市中央银行建立多层次的货币流通监测和调研机制，不定期交流情况、交换信息。中俄两国中央银行间应建立沟通与交流的机制，逐步完善信息交流的内容，加快信息交流的速度，为双方银行广泛合作提供可靠的依据。建议上级行允许或协调边境省区分支行与毗邻国家边境地区银行就相关工作开展实地调研，搞好区域金融合作，以便更好地支持和服务于边境贸易的健康发展。

第二节　内蒙古边境贸易检验检疫法制研究

检验检疫是边境贸易管理的重要一环。凡属法定检验检疫商品或合同规定需要检验检疫机构进行检验并出具检验证书的商品，对外贸易关系人均应及时提请检验检疫机构检验。我国进出口商品的检验检疫程序主要包括四个环节：报验、抽样、检验和签发证书。内蒙古边境线长、口岸众多，随着边境贸易的不断发展，出入国境的人流、物流越来越多，检验检疫部门的地位和作用日益凸显。

一、检验检疫对边境贸易发展的作用

检验检疫是外贸的一项重要环节和程序，实施对象包括货物、动植物、人员和交通工具等，检验检疫对贸易和经济发展的作用体现在：

第一，保证边境贸易进出口商品的质量，维护人民群众的权益和国家信誉。通过检验检疫的把关，可防止假冒伪劣商品从边贸口岸进入我国境内，保护国内消费者的利益。同时可以防止我国劣质商品出口到周边国家市场，维护我国商品的质量信誉。

第二，防止传染病传入、传出，维护边境地区人民的生命健康。近年来，蒙古等国出现的禽流感、登革热、鼠疫、霍乱、

艾滋病等传染病，随时可能通过人流和物流传入我国，给人民生命健康造成威胁。依法对出入境人员、交通工具和可能传播传染病的货物实施检验检疫，起到了保护人民生命健康的重要作用。

第三，保护农业、林业、牧业、渔业生产的安全，促进农畜水产业外贸的发展。边境贸易交易的相当部分商品是木材、鲜活水产品和果蔬等农土特产品。对动植物及其产品和包装物等实施检验检疫，可以有效防止动植物传染病、杂草及其他有害生物传入、传出。

二、边境贸易检验检疫的立法情况

对边境贸易的检验检疫环节，涉及的法律有《进出口商品检验法》及其实施条例、《进出境动植物检疫法》及其实施条例、《国境卫生检疫法》及其实施细则、《食品卫生法》等。此外，针对边境贸易的特殊性，早在1993年国家进出口商品检验局就发布了《边境贸易进出口商品检验管理办法》。[①] 为规范边境贸易出入境检验检疫管理，促进边境贸易健康发展，国家质检总局于2009年制定了《边境贸易出入境检验检疫管理办法（试行）》。[②]

---

① 参见国家进出口商品检验局：《边境贸易进出口商品检验管理办法》，实施日期：1993年6月1日，颁布日期：1993年4月22日，废止日期：2009年1月23日。

② 国家质量监督检验检疫总局：《关于印发〈边境贸易出入境检验检疫管理办法（试行）〉的通知》（国质检通［2009］36号），试行日期：2009年1月23日，颁布日期：2009年1月23日。

结合边境贸易小、快、杂的特征，《边境贸易出入境检验检疫管理办法（试行）》规定：边境小额贸易出口商品原则上应当在商品生产地检验，在口岸进行现场检疫和查验，而边民互市贸易中的出口商品原则上在口岸实施检验检疫。边民互市贸易中的出口商品中，具有国家相关主管部门认可，且标有 QS、CCC、CIQ 等产品质量、安全、卫生合格标识的商品，可快速查验放行。其他边民互市贸易中的出口商品的检验检疫工作原则上仅实施现场检疫和查验，根据需要，可实行监督抽查。这针对性地解决了在这之前边民互市贸易所遭遇的尴尬问题：以边民互市贸易方式进出境的小批量货物多数是在就近的批发市场购买的，采购地零星、分散，而且货物量少、值小，产地不一，往往无法取得产地检验检疫局的换证凭单。邻国边民到我方市场上采购商品后，口岸检验检疫机构凭产地检验检疫机构签发的换证凭单受理报检，因没有换证凭单导致大多数货主无法报检。

三、边境贸易检验检疫的特点

目前，内蒙古边境贸易的经营主体多，成交批次多，批量小，总值低，成交快，进出口商品品种杂，低技术含量的初级产品多，进出境口岸多，通道和过货点多，仓储条件简陋，贸易季节性强，大多采用口头协议或简易的书面合同，看货成交，缺乏正规的进出口贸易合同或者合同中没有具体的检验检疫要求，开展检验检疫工作缺乏合同依据。

四、边境贸易检验检疫存在的问题

内蒙古边境贸易具有小、快、杂的特点，疫病疫情、有毒有害物质和不合格商品进出境的可能性大，风险程度高，同时口岸要求快速验放、实施24小时预约服务等优惠通关措施，造成了检验检疫监管任务繁重，工作复杂，加大了检验检疫监管的执法难度。存在的问题主要表现在：

（一）边境贸易货物少杂多快，边境口岸检测能力不足

边境地区对外开放口岸多，不仅有一、二、三类之分，还有季节性开放和全年性开放之别。货物输出方式由以前货源地边境口岸出口，发展到现在的转口转关贸易和边民互市贸易。以边民互市贸易方式进出境的小批量货物多数来自附近的批发市场，采购地零星、分散，货物量少、值小，产地不一，难以提供发票、装箱单、换证凭单等单证及相关证书，以至于大多数货主无法报检。海关有时会不要求提供检验检疫通关单，故逃漏检现象严重，很难进行有效的检验检疫监管，货物质量难以得到保证。加之，一些边贸经营者采取将小额贸易化整为零的方式，从边贸互市点过货，造成边境贸易秩序混乱和假冒伪劣商品混迹边贸市场的情况。以边境小额贸易方式出口的货物，大多没有经过产地检验检疫，就直接运到口岸，无法提供换证凭单，有些甚至无法提供相关单证或证书，而且有些货物交接时间要求比较紧，报检时

间段集中，检验检疫难度较大。

口岸类别复杂，边民进出频繁，小额贸易无单，给边境贸易的检验检疫监管带来了较大的压力。个别口岸还存在管理粗放、设备落后、检测方法不足、人员素质不高等问题。个别口岸检验检疫工作人员主要凭感观检验，忽视了技术手段的运用，甚至可能没有深入查检的配套设备和实验室，出现了检不了、检不出、检不准的现象。也有部分检验检疫执法人员忙于到关口轮班值守，没有时间和精力研究检验检疫技术创新和宏观管理措施，检验检疫技能的提高受限。

（二）对进口货物检验检疫的监管力度明显弱于出口货物，进口货物通关机制存在漏洞

我国的外贸出口大国大多采用严格的环境卫生标准，加之，一直以来我国片面强调扩大出口，非常重视出口货物的检验检疫。相形之下，对影响本国人民生命财产安全的进口的监管显得缺乏力度。在这样的背景下，内蒙古边境贸易一直处于逆差，进口明显多于出口。从图 2－4 就可以看出，内蒙古口岸进境货运量远远大于出境货运量。

我国目前进出口货物的通关机制基本是：进口货物“先通关放行、后检验检疫”和出口货物“产地检验检疫、口岸换证、通关放行”。我国进口货物的通关流程大致为，进口货物到达口岸，货主向检验检疫机构报检，检验检疫机构接受报检后，出具通关单，货主凭通关单向海关办理放行手续，海关放行后，检验检疫机构再实施具体的检验检疫。因为在通关前未能实施

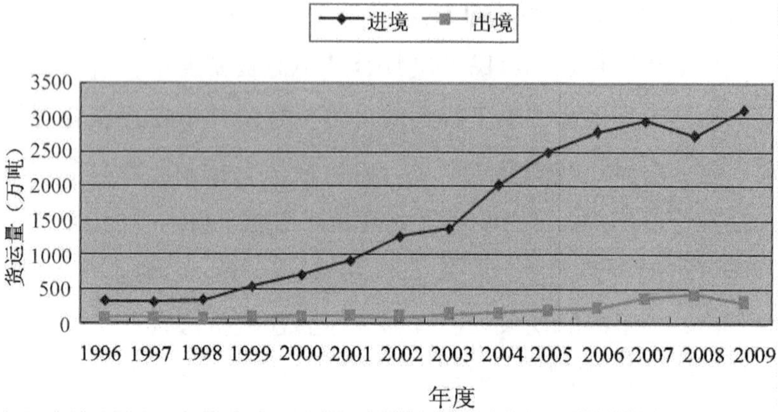

图 2－4　1996—2009 年内蒙古各口岸进出境货运总量

检验检疫，容易使疫病疫情被带入境内，为疫病疫情的传染和扩散埋下了隐患。

（三）边境贸易检验检疫执法存在地区差异

一些地方政府为了吸引客商，出台了鼓励从边民互市非监管点进出境的优惠措施，而目前边民互市非监管点主要是由当地政府边贸管理部门来监管的，这些监管部门的派驻人员缺乏检验检疫风险意识，时常有高风险的货物从非监管点进出，难以实施有效的监管，给境外疫病疫情传入带来许多的隐患。此外，各边境口岸的执法力度有差别，A 口岸能放行，B 口岸却可能被截留，导致出现不同的省份对同一周边国家的边境贸易检验检疫执法不一，甚至在同一省份还出现了不同口岸执法不一的现象。

（四）国外技术性贸易壁垒不断增多

各贸易国家或地区普遍重视通过技术壁垒等非关税壁垒和障碍来抬高进口商品准入门槛，国外技术性壁垒不断涌现，非关税技术壁垒种类层出不穷、标准逐渐提高、范围不断扩大，使得我国大量产品的出口难度不断增大，出口食品对外注册要求日趋严格，国外来华检查频率加大，检查范围从原来检查企业向检查公共卫生、防疫等体系延伸。

五、加强和规范边境贸易检验检疫监管的法律思考

为促进边境贸易市场健康、有序发展，保证进出境商品安全、卫生、健康、环保，保证进出口商品质量，维护边境贸易各方的合法权益，应加强和规范边境贸易检验检疫。把法检制度与认证认可、风险评估、分类管理等有机地结合起来，形成一个互为条件、相互促进、协调运转、合乎国际规范的监管体系。

（一）对边境小额贸易和边民互市贸易实行分级检验检疫管理

由于边境贸易点多线长，检验检疫机构的设置和人员数量相对有限，对边境贸易要有效实施检验检疫监管，必须把边境小额贸易和边民互市贸易区别对待。

对边境小额贸易中的出口商品，原则上应当在商品生产地检验，在口岸进行逐批检验检疫和监督抽查的现场检疫和查验，

对边境小额贸易中的进口商品在口岸实施逐批检验检疫和监督抽查的方式。这就要求：（1）对食品、农产品和日常消费品等涉及安全、卫生、健康、环保的高风险进出口货物与交通运输工具，进行重点查验，实行风险等级分类管理，确保经济、安全。（2）对预包装食品、化妆品、压力容器、危险品实施许可证管理，实施注册登记制度的边境贸易出口货物，要严格实行产地检验检疫、口岸验放规范通关程序，提高通关质量。（3）要严格施行检疫审批管理制度，对需要检疫审批的进出口货物，一律凭检疫许可证受理报检。

对边民互市贸易中的进出口商品，原则上在口岸实施现场检疫和查验。针对边民互市贸易，对涉及安全、卫生、健康、环保等重要的、敏感的、高风险的商品，限制或禁止在边民互市贸易点、检验检疫非监管点进行交易；对小批量的、低风险的进出口货物，要求货主如实全面申报，经查验后，才予以放行；对零星货物从非监管点进出境的货物，在促进地方政府加强管理的同时，与地方有关部门协调，实行检验检疫协检员制度。

（二）加强对小额贸易企业的监管，把好出口货物源头关

检验检疫只是实现监管的最后手段和流程，检验的结果不是监管的最终目的，要改变传统的检验检疫管理理念，强化产品质量是生产出来的，不是检验出来的的观念。因此，要继续拓展和深化边境小额贸易的检验检疫监管模式，深入到出口企业加强质量监管。把可能影响产品质量的各个因素、每一环节、

全部过程纳入监管范围，实现生产全过程监管。根据企业类别（按其信誉度分为免检企业和一、二、三类企业）和商品质量，确定不同的日常监管方式，对免检企业及其产品实施绿色通道管理。对一、二、三类企业及其产品，按规定的比例实施检验。对有不良记录的企业加大日常监管力度。加强对出口商品的产地调查，加强与出口商品产地所在地的质监、安监、食药监等部门的联系，定期公布不合格产品，及时反馈、互通商品质量信息，建立和完善商品质量信息反馈制度。在边境口岸、卡口等监管点，发现假冒伪劣商品，要会同有关部门溯其源头，建立和完善出口产品追溯系统和召回制度。

（三）提高检测的技术水平，强化科技的检验检疫

全面提升科技工作服务检验检疫的水平，强化质检系统检测的技术水平和监管能力。加强与国际检验检疫机构的交流与合作，借鉴、学习国外先进技术，加快检验检疫科技人才队伍的培养。加快系统内检测资源的整合，提高设备配备，研究先进的检测方法，合理布局实验室网络，发挥整体的效益。建设层次分明、重点突出、有效覆盖的检测体系，不断增强质检的科技实力和检测能力。

（四）健全和完善口岸突发疫病疫情风险预警和快速反应机制

近年来，疫病疫情一直呈高发态势，危害大、病源复杂、蔓延迅速，对国家公共安全、国内农业生产安全和人民生命健康构成很大的威胁。为此，要建立口岸突发疫病疫情的风险预

警和快速反应机制。通过疫病疫情信息收集网络，把某口岸发现的疫病疫情迅速通知其他口岸，方便其他口岸进行积极防范和紧急控制。对已经明确存在重大风险的出入境货物，可依法采取紧急措施，禁止其出入境，必要时封锁有关口岸，在出入境货物的风险已不存在或已降低到适当程度时，由国家质检总局发布解除公告。疫病疫情虽存在，但已不会引发重大风险期间，要强化相关货物的检验检疫风险监管，根据产品风险评估状况，加大批次抽样比例，进行检测。此外，应把口岸突发疫病疫情风险预警和快速反应机制纳入到地方政府突发公共卫生事件应急框架中。

（五）重视对进口货物的检验检疫，完善进口货物通关机制

严把进口关，既是法律的基本要求，也是维护国家利益的必要之举。我国台湾地区早已取消出口商检。因此，检验检疫机构要把工作重心放到对进口货物的检验检疫工作上。根据货物的风险程度，对进口货物由目前的先通关、后检验检疫的通关模式，分批次、分阶段地调整为先检验检疫、后通关的通关模式。

（六）推进与周边国家的检验检疫合作和交流

边境贸易固然有其不同于一般国际贸易的特殊性，但是，随着贸易自由化的发展，边境贸易逐步成为国际贸易的一部分。因此，必须参照国际贸易通行规则，理顺边境贸易的监管工作。

1. 开启与周边邻国的双边互认机制

进一步加强与发达国家、发展中国家的质检合作，建立多层次、多级别的双边质检定期会晤磋商机制，完善中国产品市场准入制度，拓展双边或多边认证认可证书互认，推进实施产地检验检疫、生产企业注册认证等检验检疫监管协作，加强农产品检验检疫、食品安全、商品检验技术标准以及地理标志产品保护的信息共享和风险共管，开展实验室资质及检测人员资格国际互认，建立互信、互认、互利的质检国际合作关系。

2. 实行中俄、中蒙两国边境“一站式”检验检疫服务

加强与毗邻国家的检验检疫合作，积极探索监管有效、简化流程、方便快进快出的监管方式，开展检验检疫证书互认工作，在边境口岸探索实施两国间“一站式”检验检疫服务，即两国对同一批边境贸易货物仅实施一次检验检疫，可以缩短通关流程和通关时间，方便货物、人员和交通工具进出。例如，在泰国和老挝的边境，就有“一站式”服务的口岸，为此两国节约了人力资源，提高了通关效率。

第三节　内蒙古边境贸易财税法制研究

税收是对外贸易的重要环节和国家财政收入的重要来源。我国为了鼓励出口，除敏感性产品外，均实行出口退税政策，对一般贸易项下的进口则由海关负责征收进口关税和进口环节

增值税等税费，海关税收全部为中央财政收入。对于边境贸易企业，国家实行了较为特殊、灵活的税收政策。近年来，内蒙古边境贸易没取得较大的发展，与边境贸易财税法律政策的支持和保障力度欠缺不无关系。边境贸易财税法律政策仍存在的不足，应给予完善和健全。

一、建立出口退税基数的同步增长机制

我国从1985年开始实行出口退税政策以来，先后在1994年、1999年、2004年、2005年调整了出口退税政策。尤其是2004年和2005年的出口退税政策与前几次相比有明显不同，主要是建立了中央和地方共同负担出口退税的新机制。该退税机制的实施，使地方财政收支压力逐步凸显。

（一）2004—2005年出口退税政策调整的情况

根据建立中央和地方共同负担出口退税新机制的规定，从2004年起，以2003年出口退税实际退税指标为基数，对超基数部分应退税额，由中央和地方按75：25的比例分别负担。2005年，地方和中央分担比例及退库方式又有所改变：一是调整中央与地方出口退税负担比例，即超基数部分中央财政负担92.5%，地方负担7.5%；二是改进出口退税退库方式，出口退税改由中央统一退库。2005年，新的出口退税政策在一定程度上缓解了地方压力，地方负担额比上年减少了17.5个百分点。但从2004—2008年实际运行的情况看，出口退税机制已随着出

口退税额的迅猛增长而严重影响了边境地区的地方财力。下面以二连浩特为例来说明。

（二）2004—2008 年，二连浩特市出口退税实际运行的情况

2004—2008 年，二连浩特市外贸出口额分别为 1. 67 亿美元、4. 08 亿美元、4. 01 亿美元、7. 49 亿美元、10. 45 亿美元。2004 年二连浩特市地方财政收入为 12 797 万元，而累计退税 1500 万元，2003 年出口退税实际退税指标基数为 728 万元，那么 2004 年超基数 772 万元后，专项上解自治区 193 万元，影响地方财力合计 1693 万元，占地方财政收入的 13. 23%。2005 年二连浩特市地方财政收入为 16 111 万元，而累计退税 2700 万元，超基数 1972 万元后，专项上解自治区 148 万元，影响地方财力合计 2848 万元，占地方财政收入的 17. 68%。2006 年二连浩特市地方财政收入为 20656 万元，而累计退税 3600 万元，超基数 2872 万元后，专项上解自治区 215 万元，影响地方财力合计 3815 万元，占地方财政收入的 18. 47%。2007 年二连浩特市地方财政收入为 25221 万元，而累计退税 6300 万元，超基数 5572 万元后，专项上解自治区 418 万元，影响地方财力合计 6718 万元，占地方财政收入的 26. 64%。2008 年二连浩特市地方财政收入为 31567 万元，而累计退税 9700 万元，超基数 8972 万元后，专项上解自治区 673 万元，影响地方财力合计 10 373 万元，占地方财政收入的 32. 86%。[①]

① 二连浩特市的财税数据由二连浩特市商务局提供。

从2008年实际完成数据看，比2004年完成项目中的外贸出口贸易额增长了5.26倍、出口退税额增长了5.47倍、影响地方财力增长了5.13倍、影响地方财力占地方财政收入的比重提高了19.63个百分点。这些都充分说明二连浩特市外贸出口的快速发展与地方财政负担逐年增加极不相符，从更长远来看，由于出口退税基数是固定不变的，而外贸出口则在2004年的基础上连年递增，2009年及以后年度的地方财政超基数部分的负担将大幅增加，而地方财政可用财力日益减少。尤其是二连浩特市是一个口岸城市，财政收入的41%来自外贸企业进口纳税，财政对外贸的依附性较强。国家于2008年11月取消了边贸进口减半征收的优惠政策，使地方可用财力明显下降。由于边贸出口退税额逐年增加，而地方可用财力有所下降，所以长此以往，二连浩特市财政将难以负担。

（三）对内蒙古边境贸易出口退税机制的建议

据了解，云南省出口退税的7.5%部分是由省财政全额负担的。基于上述原因，为了扩大内蒙古边境贸易的出口规模，促进边境贸易的发展，减轻地方财政的负担，可参照云南省出口退税的做法，建议由自治区财政统一承担边境地区7.5%部分的出口退税额，或向国家申请全额承担出口退税额，并按照出口退税增长幅度，相应建立出口退税基数的同步增长机制。

二、落实对边境贸易和边贸企业的专项转移支付政策

（一）从进口税收减半优惠向专项转移支付的政策转变

我国进口关税水平一度曾处于偏高水平。为了促进边境贸易的发展，从1996年开始，我国对于边境贸易实行了进口关税和进口环节增值税按法定税率减半征收的优惠政策①，即对边境地区部分进口产品实行我们通常所说的“双减半”的税收优惠。

这一政策在促进边境贸易和边境地区经济发展的同时，逐渐表现出其缺陷。一是使得部分正常贸易产品（大贸产品）转向通过边境贸易来完成。据粗略统计，当时对于某些大宗重点商品的进口，通过边境地区进口的总值已占该产品全部进口总值的30%以上。二是中国加入世贸组织后，美、欧等国多次质疑中国边贸政策。2008年12月召开的世贸会上，我国的边境贸易政策接受了贸易政策审议的挑战。三是对部分通过边境贸易来进口的产品的关税优惠客观上可能造成相同产品在不同地区的价格存在明显差异，不利于公平竞争环境的建立。四是按照

① 参见《国务院关于边境贸易有关问题的通知》（国发［1996］2号）和对外贸易经济合作部、海关总署：《关于进一步发展边境贸易的补充规定的通知》（外经贸部政发［1998］844号）。具体内容：边境小额贸易企业通过指定边境口岸进口原产于毗邻国家的商品，除烟、酒、化妆品以及国家规定必须照章征税的餐料、家具、灯具和机电产品等20种商品外，进口关税和进口环节增值税按法定税率减半征收。对通过边境口岸进口第三国的商品，不享受边境贸易的有关优惠政策。对中性包装以及不易辨别产地的商品，应由企业提交原产地证明，不能提交或所提交的证明不合法的，不能享受优惠。

我国增值税管理办法，边境贸易进口商品只要进入流通环节，其进项税只能按实际征收额抵扣，这样进口环节所减征的增值税又在国内销售环节补征回来，使边境贸易的税收优惠政策大打折扣。

从2008年11月1日起，国家取消边境贸易减半征收进口关税和进口环节增值税税收政策，用专项转移支付的办法替代“双减半”优惠。“在现行边境地区专项转移支付的基础上增加资金规模，2008年全年按20亿元掌握，实际执行期为两个月。”[①] 中央政府把从边贸征收的关税和进口环节税，按一定比例返还地方政府，并会逐年增加资金规模，专项用于支持边境贸易发展和边境小额贸易企业能力建设。2009年3月31日，新的《边境地区专项转移支付资金管理办法》（以下简称《办法》）实行[②]，中央财政在边境地区专项转移支付中增加了支持边境贸易发展和边境小额贸易企业能力建设的补助资金。

（二）边境地区专项转移支付资金的使用范围和要求

1. 边境地区专项转移支付资金的法定使用范围

《办法》指出边境地区专项转移支付资金，是指中央财政设立，主要用于边境维护和管理、改善边境地区民生、促进边境

---

① 财政部、税务总局和海关总署：《关于促进边境贸易发展有关财税政策的通知》（财关税［2008］90号），实施日期：2008年11月1日，颁布日期：2008年10月30日。

② 在之前，国家曾实行过两个管理办法，分别为：2006年4月29日财政部颁布的《边境地区专项转移支付资金管理办法》（财预［2006］62号）和2007年5月14日财政部颁布的《边境地区专项转移支付资金管理办法》（财预［2007］59号）。

贸易发展的专项资金。主要用于以下方面：

（1）边境维护和管理，包括国门建设及其周边环境整治，界桩、界碑的树立和维护，界河河堤及河道整治，边境管控等。

（2）改善边境地区民生，包括基层政权建设和教育、文化、卫生等社会事业，以及改善边民生产、生活条件等民生事项。

（3）促进边境贸易发展和边境小额贸易企业能力建设，包括边境一类口岸运转，通关条件改善，边贸仓储、交通等基础设施建设，为边贸企业创造良好的生产经营环境，安排贷款贴息，支持企业的技术培训、科研、创新、人才引进、服务水平等的能力建设。①

2. 对边境地区专项转移支付资金管理的要求

省级财政部门向省以下财政部门分配、下达转移支付资金，省以下财政部门负责管理、安排和使用本地区边境地区专项转移支付资金。② 为此，《办法》要求：

（1）对于专项用于支持边境贸易发展和边境小额贸易企业能力建设的转移支付资金，各级政府不得调剂用于其他边境事项。省级财政部门要将专项用于支持边境贸易发展和边境小额贸易企业能力建设的转移支付资金分配、落实到有边境小额贸易的市、县（市辖区）级政府财政部门，由其安排使用。③

---

① 参见财政部：《边境地区专项转移支付资金管理办法》（财预［2009］3号）第二、三条，颁布日期：2009年3月31日，实施日期：2009年3月31日。

② 参见财政部：《边境地区专项转移支付资金管理办法》（财预［2009］3号）第七、八条，颁布日期：2009年3月31日，实施日期：2009年3月31日。

③ 参见财政部：《边境地区专项转移支付资金管理办法》（财预［2009］3号）第十三条，颁布日期：2009年3月31日，实施日期：2009年3月31日。

（2）财政部应于每年 3 月底之前，将补助资金下达省级财政部门，省级财政部门应于每年 4 月底前向省以下财政部门下达补助资金。在中央财政补助资金下达前，省级财政部门可按照中央财政提前告知的预算，向省以下财政部门分配和拨付补助资金。[①]

（3）边境地区专项转移支付资金的管理应当遵循以下原则：①突出重点。资金重点用于解决边境地区承担的中央事权、具有区域特点的支出责任，以及社会经济发展中存在的突出问题。②公开透明。资金使用和项目选择应当按照财政规章制度进行，纳入政务公开的范围。③注重实效。坚持办实事、重实效，主要以社会效益为目标，强化绩效考评。④专款专用。资金不得截留或挪作他用，不得用于平衡预算。[②]

（三）落实好边境地区专项转移支付政策的建议

1. 要保证按时全额分配、落实到边境贸易企业

财政部应于每年 3 月底之前将补助资金下达省级财政部门，省级财政部门应于每年 4 月底前向省以下财政部门下达补助资金。但在实际执行的过程中，由于种种原因，各级财政部门有时会出现拖延和推迟发放的现象，各边境贸易企业对此多有抱怨，极大地打击了边境贸易企业发展边贸的积极性，抑制了边

① 参见财政部：《边境地区专项转移支付资金管理办法》（财预［2009］3 号）第十六条，颁布日期：2009 年 3 月 31 日，实施日期：2009 年 3 月 31 日。

② 参见财政部：《边境地区专项转移支付资金管理办法》（财预［2009］3 号）第四条，颁布日期：2009 年 3 月 31 日，实施日期：2009 年 3 月 31 日。

境地区经济的发展。因此，各级财政部门要努力按时全额发放补助资金，杜绝拖延和推迟现象的发生。

2. 要充分利用财政和审计部门的监督检查力量，保证专项转移支付的资金能真正发挥促进边境贸易发展的作用

中央补助资金要专款专用，不得截留或挪作他用，不得用于平衡预算，不得随意减少或克扣边境小额贸易企业的补助资金，也不得在法定使用范围内，将边境小额贸易企业的补助资金挪作它用。各级财政部门要认真贯彻落实国家边境贸易转移支付资金的有关政策，专项用于支持边境贸易发展，重点加强对边境小额贸易企业能力的建设，切实发挥资金的使用效益。

三、加大国家财政对边境贸易和小微企业的支持力度

近年来，边境地区政府的税收收入增幅较小，各项支出因素增加，财政支出较多，财政压力逐年增大，财政收支矛盾日益突出。此外，近年来，边境地区的地方政府更注重发展土地、房地产等高利行业，对边境贸易的重视和支持力度不够。

建议国家增加一般性转移支付的规模和比例。在边贸专项转移支付资金、对外经济技术合作专项资金、中小企业专项资金、旅游专项发展资金、区域协调发展资金、外贸公共服务平台建设资金等各类国家专项资金的安排上，对满洲里市和二连浩特市实行计划单列并给予重点倾斜。同时，在基础设施、生态建设、环境保护、扶贫开发和社会事业等专项资金的安排上

给予重点倾斜，取消地方配套资金，公益项目的国债转贷资金逐步转为拨款。国家可以考虑：2011 年至 2020 年，将国税、地税部门征收的全部税款留给满洲里市和二连浩特市，通过转移支付方式，将口岸进口环节代征税按 25% 比例返还满洲里市和二连浩特市。

从 2009 年全国进出口商品边境小额贸易企业性质总值表（见表 1－7）可见，该年私营企业边境贸易进出口总值占全国总值的 80. 36%，国有企业为 14. 95%。私营企业进出口贸易总额是国有企业的 5 倍多。内蒙古边境贸易私营企业多为家族式、朋友式小微企业。我国已出台多项税收优惠政策支持小微企业，如小微企业所得税减半时间延长并扩大范围、提高增值税和营业税起征点；免征小型微型企业管理类、登记类、证照类行政事业性收费，包括企业注册登记费、税务发票工本费、海关监管手续费、货物原产地证明书费、一般原产地证工本费等。但目前我国的经济和外贸形势仍不容乐观，成本升高、订单减少、出口萎缩、企业微利、摩擦增多。面对原材料、劳动力以及资金成本的上升、汇率不稳定、货币政策紧缩等因素，小微企业等实体经济步履维艰、不堪重负。因此，对边境贸易小微企业要继续加大支持力度，实施结构性减税，开展营业税改征增值税试点，继续对行政事业性收费和政府性基金进行清理、整合和规范，落实和完善支持小型微型企业和个体工商户发展的各项税收优惠政策，在税费上实施更加灵活、照顾的政策。

四、推进和完善边境贸易人民币结算出口退税机制

我国周边国家外汇短缺，其在与我国开展的边境贸易中，进口时以人民币结算的比重很大。这就要求我方企业收到人民币货款时，能够办理出口退税。出口货物办理出口退税时，必须提供出口收汇核销单，但以人民币结算的出口货物无法提供核销单，所以不能办理出口退税。国家鼓励出口的商品，如塑料制品等因出口收汇核销单领取的问题，企业只能不退税。这不仅对海关监管造成了很大不便，也严重削弱了边贸企业出口的积极性。

边境小额贸易采用人民币结算退税有不可小视的作用和意义。边境小额贸易采用人民币结算退税带来的直接好处是减轻了边贸出口的成本，增加了边贸出口商品在周边国家的市场竞争力。同时，比用外汇结算，减少了换汇周转所需的时间，加速了退税单证回收，企业退税周期大大缩短，加快了出口企业的资金回笼速度，增加了企业经济效益。

（一）边境贸易人民币结算出口退税政策的演变

2004 年 1 月起，国家在云南省试行以人民币结算的边境小额贸易出口货物准予退（免）税。① 2008 年 10 月，财政部、海

---

① 财政部、国家税务总局：《关于以人民币结算的边境小额贸易出口货物试行退（免）税的通知》（财税［2003］245 号），生效日期：2004 年 1 月 1 日，失效日期：2010 年 3 月 1 日。财政部、国家税务总局：《关于以人民币结算的边境小额贸易出口货物试行退（免）税的补充通知》（财税［2004］178 号），失效日期：2010 年 3 月 1 日。

关总署、国家税务总局等部门开始研究解决一般贸易以人民币结算，办理出口退税的问题，优先考虑在边境地区扩大试点。[①]但实际执行并不理想，只是在部分省（区）开展得较为顺利。

后来，经国务院批准，财政部、国家税务总局于 2010 年 3 月联合下发了《关于边境地区一般贸易和边境小额贸易出口货物以人民币结算准予退（免）税试点的通知》（财税［2010］26 号），同时废止了《关于以人民币结算的边境小额贸易出口货物试行退（免）税的通知》（财税［2003］245 号）、《关于以人民币结算的边境小额贸易出口货物试行退（免）税的补充通知》（财税［2004］178 号）。财税［2010］26 号（下称退税新政策）规定，从 2010 年 3 月 1 日起，在境内指定地区的出口企业通过指定口岸出口至其接壤毗邻国家的一般贸易或边境小额贸易可享受退（免）税政策，从而将云南边境小额贸易出口货物以人民币结算准予退（免）税政策扩大到边境省份与接壤毗邻国家的一般贸易。

财税［2010］26 号指出凡在内蒙古、辽宁、吉林、黑龙江、广西、新疆、西藏、云南省（区）行政区域内登记注册的出口企业，以一般贸易或边境小额贸易的方式，从陆地指定口岸出口到接壤毗邻国家的货物，并采取银行转账人民币结算方式的，可享受应退税额全额出口退税政策。外汇管理部门对上述货物出具出口收汇核销单。企业在向海关报关时，应提供出口收汇

① 参见财政部、海关总署、国家税务总局：《关于促进边境贸易发展有关财税政策的通知》（财关税［2008］90 号），实施日期：2008 年 11 月 1 日，颁布日期：2008 年 10 月 30 日。

核销单，对未及时提供出口收汇核销单而影响企业收汇核销和出口退税的，由企业自行负责。以人民币现金结算方式出口的货物，不享受出口退税政策。[①] 与原政策相比，可以看出新退税政策发生了以下变化。

1. 扩大人民币结算出口退税的适用范围

在云南省试点的基础上，新退税政策指出凡在内蒙古、辽宁、吉林、黑龙江、广西、新疆、西藏、云南省（自治区）行政区域内登记注册的出口企业发生贸易交易时，均可申报退（免）税，从而将云南边境小额贸易出口货物以人民币结算准予退（免）税的政策扩大到边境省份（区）。陆地指定口岸是指在这些省（区）的，经国家有关部门批准的边境口岸。其中内蒙古有室韦、黑山头、满洲里、阿日哈沙特、额布都格、二连、珠恩嘎达布其、满都拉、甘其毛都、策克口岸等 11 个边境口岸。辽宁省 2 个；吉林省为长白、图们、珲春等 12 个；黑龙江为东宁、绥芬河、黑河、漠河等 14 个；广西为凭祥、东兴等 12 个；云南省为瑞丽、畹町、沧源等 16 个；西藏有 4 个；新疆有红山嘴、阿拉山口、霍尔果斯、红其拉甫等 15 个。接壤毗邻国家为俄罗斯、朝鲜、越南、缅甸、老挝、哈萨克斯坦、吉尔吉斯斯坦、塔吉克斯坦、巴基斯坦、印度、蒙古、尼泊尔、阿富汗、不丹。

① 参见财政部、国家税务总局：《关于边境地区一般贸易和边境小额贸易出口货物以人民币结算准予退（免）税试点的通知》（财税［2010］26 号），实施日期：2010 年 3 月 1 日，颁布日期：2010 年 3 月 29 日。

2. 增加“一般贸易”项下出口货物以人民币结算准予退（免）税

与原政策规定相比，增加了一般贸易项下出口货物以人民币结算准予退（免）税的规定。因我国退税计算方法按不同的出口企业类型进行划分，若属于贸易型出口企业按“免、退”税方法计算，若是生产型出口企业按“免、抵、退”税计算。由于边境贸易的退（免）税政策扩大到了一般贸易，这样在计算退（免）税方法上有所变化，不仅仅只是原有的贸易型出口企业的免、退税，而是增加了生产型出口企业的免、抵、退税。

3. 只有以银行转账人民币结算方式出口的货物才能享受退税

凡以一般贸易或边境小额贸易方式采取银行转账人民币结算方式的，可享受应退税额全额出口退税政策，取消了原政策中以人民币现金方式进行交易，享受出口退税的规定。根据原政策规定，计算边境贸易中应退税额的方法因贸易结算方式而分为两种，即以银行转账方式结算的计算方法和以现金方式结算的计算方法。按照新退税政策的规定，一般贸易或边境小额贸易银行以转账人民币结算方式出口的货物才能享受全额退税，而以现金方式结算的出口货物不再享受退（免）税政策。因此，出口企业在申报退（免）税时应注意：除了提供增值税专用发票、外汇核销单、出口货物报关单等单证外，银行转账人民币结算的银行入账单也是必要的退（免）税单证，并且应与外汇管理部门出具的出口收汇核销单（出口退税专用）相匹配。

4. 按实际计算的全额退付，取消原来按70%和40%折算退付的标准

新退税政策所指的全额退税，是讲通过计算得出的退税额，不再按原规定中折算比例后的金额退付。原政策中对以人民币银行转账方式结算的，应退税额是按实际计算的退税额乘以70%后来退付的；以现金方式进行结算的，应退税额是按实际计算的退税额乘以40%后退付的。新政策是按实际计算的退税额来退付企业的。①

5. 边境贸易中人民币结算出口退税的流程是先外汇核销，后再报关出境

对于通常的出口贸易而言，出口企业在货物出口并取得报关单以后，凭此单到外汇管理部门办理出口货物的收汇、结汇手续，出口货物报关单与外汇核销单是申报出口退（免）税的主要单证，即报关出口—外汇核销—出口退税。但是，边境贸易与之恰好相反，按照新退税政策规定，“外汇管理部门对符合规定的货物出具出口收汇核销单，企业在向海关报关时，应提供出口收汇核销单”。这说明，边境贸易是买卖双方在境内以人

① 根据原政策规定，计算边境小额贸易出口货物应退税额的方法因贸易结算方式不同而分为两种：1. 以银行转账方式进行结算，计算方法为：（1）应退增值税额＝购进出口货物增值税专用发票所列明的进项金额×规定增值税退税率×70%；（2）应退消费税额＝购进出口货物增值税专用发票所列明的进项金额（出口数量）×消费税税率（单位税额）×70%。2. 以现金方式进行结算，计算方法为：（1）应退增值税额＝购进出口货物增值税专用发票所列明的进项金额×规定增值税退税率×40%；（2）应退消费税额＝购进出口货物增值税专用发票所列明的进项金额（出口数量）×消费税税率（单位税额）×40%。

民币银行转账结算并到外汇部门办理收汇、结汇手续后，向指定口岸海关申请货物报关出境，即外汇核销—报关出口—出口退税。

除了上述变化外，新退税政策对以下内容做出了规定：

一是边境贸易出口退（免）税新政策规定了按月申报，也就说明了对于不按其规定进行申报的不能享受退（免）税政策。相反，应当按照国家有关规定视同内销货物计提销项税额或征收增值税、消费税。如果出口企业采取伪造、涂改或其他非法手段骗取出口退（免）税的，应当按照《中华人民共和国税收征收管理法》有关规定，追缴已退（免）税款并予以处罚。对骗取退税情节严重的企业，可由省国家税务局批准停止其半年以上的出口货物退（免）税权。企业在停止出口货物退（免）税权期间出口和代理出口的货物一律不予退（免）税。如果出口企业骗取退（免）税数额较大或情节特别严重的，由商务局主管部门撤消其边境小额贸易经营权。

二是边境贸易出口货物办理退（免）税后，如发生退关、国外退货，可以向所在地主管出口退税的税务机关申请办理《出口商品退运已补税证明》，并补交已退（免）的税款，凭此证明向海关申请办理货物退运手续。

根据财政部和国家税务总局上述决定，内蒙古自2011年2月1日起开始在边境口岸试行人民币结算全额出口退税政策。[①]

---

① 内蒙古自治区国家税务局：《内蒙古自治区边境地区一般贸易和边境小额贸易出口货物以人民币结算出口退（免）税管理办法（试行）》（［2010］第4号），实施日期：2011年2月1日。

（二）人民币结算出口退税机制的完善

虽然在内蒙古边境贸易中，用人民币转账结算可全额退税，但是由于需要提供的单据种类繁多和手续较为繁琐，人民币结算边境小额贸易出口退税并未完全达到预期效果，而是制约了边境贸易的进一步发展，在一定程度上抑制了出口的增长。为了更好地促进边境贸易的发展，需要提高出口退税的便利化程度。出口退税的核心是出口及已纳税款，出口退税单据的要求应只强调货物出境（或在境外销售）及其增值税发票。为此，应积极探索简化边贸出口退税的手续，将退税凭证简化为主要依据海关出口凭证和增值税发票来办理，以公平促进边境贸易的发展。

五、简化边境贸易企业外汇核销程序

新中国成立以来，按照我国对外贸易和外汇管理的有关规定，进出口货物以外汇（主要是美元）计价和结算，目的是鼓励创汇和维持国际收支平衡。边贸出口企业出口符合退税政策的货物后，可以申请出口退税，由税务机关按退税率计算，退还出口货物国内环节缴纳的增值税和消费税。出口单位只有取得并凭据出口收汇核销单，才能向海关办理出口报关、向银行办理出口收汇、向外汇管理机关办理出口收汇核销、向税务机关办理出口退税申报。如果出口货物不能换回外汇，就无法取得出口收汇核销单，也就无法办理退税，边贸企业也就拿不到可得的税款。

（一）有关内蒙古边境贸易外汇管理的法律和政策发展历程

改革开放以来，我国与周边国家的边境贸易逐步发展壮大。外汇管理部门陆续采取相关的政策措施，促进了边境贸易的健康发展。1997 年发布的《边境贸易外汇管理暂行办法》（以下简称《暂行办法》），构建了边境贸易外汇管理的基本框架。该《暂行办法》对边境贸易的收汇、结汇、银行结算有了明确规定。为了解决边境贸易中收汇不规范、核销困难的问题，2001 年国家外汇管理局在内蒙古、黑龙江、西藏和新疆等地区调整了边境小额贸易出口核销管理，对 2 万美元以下的边贸出口，允许用收回的人民币货款或者美元现钞办理出口核销手续，一定程度上缓解了边境贸易出口核销难的状况。

2002 年国家出台新的边境贸易外汇管理政策，从贸易结算、出口核销等角度规范和支持了内蒙古、黑龙江和新疆的边境小额贸易，对外币现钞和边境贸易发展有了更加灵活的管理。①

为适应我国对外开放的新形势，促进我国与周边国家边境贸易的健康发展，规范与边境贸易相关的外汇管理，2003 年 10

① 国家外汇管理局：《关于我国与俄罗斯等独联体国家边境小额贸易外汇管理有关问题的通知》（汇发［2002］88 号），实施日期：2003 年 10 月 1 日，发布日期：2003 年 9 月 22 日。

月1日，国家实行了新的外汇管理办法。[①] 2003年的《边境贸易外汇管理办法》与1997年的《暂行办法》相比，新法规在边贸计价结算货币、边贸出口核销政策以及银行结算渠道这三方面作了重大的改革。第一，边贸企业与境外贸易机构进行边境贸易时，允许用可自由兑换货币、毗邻国家货币或者人民币等多种方式进行计价结算。根据原来的规定，边贸企业与境外贸易机构进行边境贸易时，只能用可兑换货币或人民币计价结算，毗邻国家货币仅限于在边民互市贸易中计价结算。根据当前边境贸易的实际情况，《暂行办法》规定，边贸企业与境外贸易机构进行边境贸易时，除了可以用可兑换货币和人民币计价结算外，还可以采用毗邻国家货币，增加了易货贸易结算和境内转账结算等方式，基本上能够满足目前边境贸易中以多种方式进行计价结算的需求。第二，对边境贸易出口核销采取特殊的管理政策。《暂行办法》放开了只能以外汇收支办理进出口核销手续的限制，允许以可兑换货币、毗邻国家货币、人民币以及境内转账支付等结算方式办理核销手续。

（二）简化内蒙古边境贸易企业外汇核销程序的原因分析

1. 我国现在庞大的外汇储备，已无需边境小额贸易再为其创汇

新中国成立后，我国外汇严重短缺，迫切要求出口创汇。我国在涉外经济政策上奖出（出口）限入（进口），在外汇管理

---

① 国家外汇管理局：《边境贸易外汇管理办法》（汇发［2003］113号），生效日期：2003年10月1日，颁布日期：2003年9月22日。该办法明确了对边境贸易外汇管理的有关政策。

政策上宽进（流入）严出（流出）。人民币汇率改革以来，我国外汇储备的增长步入了“快车道”：2006年2月，超过日本位居世界第一；同年10月，突破1万亿美元大关；2009年4月，突破2万亿美元。目前，我国的外汇储备累计已经超过3万亿美元，与改革开放初期外汇紧俏的状况不可同日而语。我国边境贸易的交易量小，从2006年到2009年，全国的边境贸易总额占当年全国进出口贸易总额的比例仅仅为0.9%、1.0%、1.2%、0.9%。内蒙古对俄、对蒙边境贸易的规模在全国进出口贸易总量中就更加微小了，其边境贸易所收的外汇相对于整个国家对外贸易的总和，不会对我国国际收支的安全产生实质性的影响。

2. 边境贸易风险较小，外汇核销已失去最初的作用和意义

我国增值税刚刚推行时，增值税的覆盖面不够大，相关管理也不够健全，对出口退税的有效监管存在不足和问题。同时，出口中，在海关管理上也存在一些薄弱环节，因此希望通过银行的收汇单据和外汇管理部门的核销手续，辅助确认出口和出口退税的真实性。因此，当时出现并一直沿用的收汇、结汇手续客观上也是为了验证出口的真实性。而许多参与内蒙古边境贸易的出口企业与其对应的进口企业为家族式或朋友式经营关系，双方的信任度和依赖度较高，边境贸易的风险较小，出现假出口、真骗税的可能性不大。通过外汇核销来辅助确认出口也就没有太大的必要和作用，改为外汇流量监测也能够满足和达到金融风险控制的要求。

3. 我国部分地区的企业已开始试行取消外汇核销手续

为了改革货物贸易外汇管理制度、优化出口收汇与出口退税

信息共享机制，自2011年12月1日起，我国在江苏、山东、湖北、浙江（不含宁波）、福建（不含厦门）、大连、青岛地区开始试点。试点期间，试点地区的企业不再办理出口收汇核销手续。外汇局对企业的贸易外汇管理方式由现场逐笔核销改变为非现场总量核查，通过货物贸易外汇监测系统，全面采集企业货物进出口和贸易外汇收支的逐笔数据，定期比对、评估企业货物流与资金流总体匹配的情况，便利合规企业贸易外汇收支，对存在异常的企业进行重点监测，必要时实施现场核查。[①]

（三）简化内蒙古边境贸易企业的外汇核销程序的法律建议

1. 简化内蒙古边境贸易企业外汇核销手续

建议简化边境小额贸易外汇核销程序，对试点企业的贸易外汇管理方式由现场逐笔核销改变为非现场总量核查，通过货物贸易外汇监测系统，全面采集企业货物进出口和贸易外汇收支逐笔数据，定期比对、评估企业货物流与资金流总体匹配的情况。

2. 完善货币跨境流动监测体系

为做好货币跨境流动监测工作，针对目前监测工作中存在的问题，建议上级行局适时调整人民币及毗邻国家货币跨境流动监测信息统计要项，规范数据采集或估算口径与方法。加强与境外银行的联系和沟通，及时了解掌握人民币、卢布在跨境

---

① 国家外汇管理局、国家税务总局、海关总署：《关于货物贸易外汇管理制度改革试点的公告》（［2011］第2号），实施日期：2011年12月1日，颁布日期：2011年9月9日。

流动、兑换和沉淀量等方面的信息，构建有效的货币跨境流动监测体系。通过与境外银行的协作与代理关系，及时对货币出入境进行统计监测，为制定和调整相关政策服务。

3. 鼓励创新外汇监管方式

鼓励创新外汇监管方式，提高边境金融外汇监管权限，下放资金审核管理权限，放宽外汇准入限制，促进投资贸易便利化。

第三章　内蒙古边境海关特殊监管区法律保障研究

第一节　建立边境综合保税区的构想

内蒙古传统的边境贸易以关境为界，货物出关即为出口状态，关境与国境重叠，一定程度上限制了口岸转口贸易、国际分拨、国际物流等功能的发挥。若能把关境与国境分开，建立保税区，入境货物处于保税状态，海关保留对其征税权，则更有助于发挥口岸的对外中转功能，充分利用国内的劳动力资源等。

一、综合保税区

“保税”是指进口货物暂不缴纳进口税，而是先将其存入特定区域，并可在该区域内进行销售、加工、改装、装配、制造、展览等工作。如果货物转运出口或加工后再出口，则免交关税。处于此种状态下的货物即为保税货物，可享受此类政策和优惠的特定区域即为保税区。

综合保税区是设立在内陆地区，具有保税港区功能的海关特殊监管区域，实行封闭管理，是目前我国开放层次高、政策优惠、功能齐全的海关特殊监管区域，是国家开放金融、贸易、投资、服务、运输等领域的试验区和先行区。综合保税区一般均有着独特的地理区位优势，是交通枢纽中心和集运中心。如我国综合保税区大多建在内陆口岸或航空港附近。综合保税区主要利用海关保税的独特条件，最大限度地利用国外资金、技术，发展外向型经济，增加外汇收入、扩大就业，以带动区域经济的发展。

同为海关特殊监管区，综合保税区与其他相近的特殊监管区之间既有联系，又有区别。

（一）保税港区与保税区

保税港区与保税区最明显的不同就是“港”字。由此可见，保税港区需具有港口，并且把保税区与港口连结起来，实现了保税区域到港口的延伸，使保税区与港口联动，将功能扩展、范围扩大。保税区和保税港区的区别主要表现在以下方面：

1. 保税港区可实现区域和港口的联动

保税港区一般依港口而建，利用港口的交通优势，快捷、低廉地实现货物的集散和分拨，使保税区具有物流的功能。能否将区域和港口有机地统一，充分发挥各自的作用，是保税港区设立和发展的重要决定因素。

2. 保税港区综合叠加了保税区、出口加工区、保税物流园区的各项功能

保税区功能比较单一。我国加入世界贸易组织后，内地工

业品的平均关税不断大幅调低，保税区的保税功能便不具有明显优势。这就需要一个突破仅有的保税意义、功能更加齐备的特殊区域，集港口作业、物流、加工、贸易等多项功能于一体。保税港区的出现是保税区发展的必然趋势，保税港区除具备保税区的贸易和加工功能外，主要还有物流基本功能。

3. 保税港区更容易实现境内关外、自由免税

我国已有保税区在实际运作中并没有真正地实现所谓的境内关外。国务院发展研究中心李伯溪教授甚至认为保税区实际上仍然是“境内关内”的海关特殊监管区域。由于保税港区一端为港口，更容易实现真正的境内关外、自由免税的优惠政策。

总的来说，与保税区相比，保税港区区位优势更明显、功能作用更宽泛、政策监管更宽松。保税港区是我国保税区的高级形态，我国建设自由贸易区的先导。

（二）综合保税区与保税港区

“保税港区是指经国务院批准，设立在国家对外开放的口岸港区和与之相连的特定区域内，具有口岸、物流、加工等功能的海关特殊监管区域。”① 保税港区属于海关特殊监管区，其拥有以下基本功能：口岸功能、物流仓储功能、加工功能、转口贸易和商品展示功能。各保税港区从区域功能上，基本可分为港口作业区、仓储物流区、出口加工区等。综合保税区与保税

① 《中华人民共和国海关保税港区管理暂行办法》第二条，2007 年 10 月 3 日起实施。

港区的功能基本相同，只是综合保税区设立在内陆地区，依陆地口岸（可称之为无水港）而建，保税港区坐落在临海和内河旁，依港口或航运中心而设。《中华人民共和国海关保税港区管理暂行办法》第四十五条规定：经国务院批准设立在内陆地区的具有保税港区功能的综合保税区，参照本办法进行管理。由此可见，综合保税区与保税港区具有相同的法律地位和性质。在满洲里市和二连浩特市设立的保税区，因其口岸为陆地口岸，但具备保税港区全部功能，是内陆地区的依保税港区进行管理的综合保税区。

（三）综合保税区与自由贸易区

所谓自由贸易区，是设区国为达到一定的经济目的，通过特殊的经济政策和手段而开辟的与其他地区隔离的特别经济区域，是受海关保护的，无贸易限制的关税豁免区域，是世界经济自由区中开放程度最高的一种形式，其基本特征可以概括为国家行为、境内关外、功能突出、高度自由。我国综合保税区或保税港区与国际通常所说的自由贸易区相比，有很多相似之处。自由贸易区大多设在临海港口或者航运中心，拥有独特的区位优势和辐射能力；一般均用围网、栅栏等将贸易区与所属国的其他区域隔离开来，对贸易区内实行统一的封闭式管理；被视为“境内关外”，入区视同出口，出区视同进口，入境、出境自由；区内充分自由，政策享受优惠；在法律地位上属设区国的特殊经济区。但我国的综合保税区或保税港区与国外的自由贸易区相比相差甚大，主要表现为：

1. 出入境自由度不同

我国对综合保税区或保税港区与国际上对自由贸易区的区域特性都认定为“境内关外”，但实质上有区别。除特殊情形外，我国的综合保税区或保税港区与境外之间进出的货物实行备案制管理，而国际上运入自由贸易区的任何货物免予实施惯常的海关监管制度，有的国家连海关都不设。自由贸易区的主要优势在于它的快速通关效率，而我国当前采用的货物监管进出境管理与进出区管理存在着双重管理的问题，两次查验影响到了通关效率。

2. 管理机制有别

国际通行的自由贸易区一般均设立专门的机构负责管理，此机构对自由贸易区实行宏观的经济协调，拥有较高的权威，一般不隶属于地方政府。我国的综合保税区或保税港区大多由综合保税区或保税港区管委会代表地方政府执行管理职责，甚至还有众多与综合保税区无关的组织，而且由于协调部门利益之需，综合保税区行政主管机构对区内的事务不能自决、自主，要请示或听从于区外上级政府部门。这不仅与自由经济贸易制度下的“小政府”原则相背离，更与国际上通行的自由贸易区相去甚远。

二、设立满洲里综合保税区的意义和可行性分析

满洲里，是欧亚陆路大通道上的重要枢纽，承担着中俄贸易 70% 以上的陆路运输任务。改革开放以来，特别国家实施西

部大开发后，满洲里市充分发挥了欧亚陆路大通道的综合优势，实施了链接俄蒙、融入东北、服务全国、面向东北亚战略。满洲里作为中俄地区合作和中国振兴东北与俄罗斯开发远东及后贝加尔地区两大战略对接的重要支点，承担着引领、带动向北开放战略升级的历史使命。根据经济发展和对外贸易的形势，迫切需要设立满洲里综合保税区，以有利于完善满洲里铁路、公路、航空口岸的配套功能，提升满洲里市的国际竞争力。

（一）设立满洲里综合保税区的意义

设立满洲里综合保税区的意义在于：

1. 扩大边疆少数民族地区经济发展空间，服务于中俄“振兴东北”“开发远东与后贝加尔”两大战略对接合作的平台

满洲里市的地理位置偏远，经济发展缺乏有利支撑，经济发展空间受到很大限制。设立满洲里综合保税区，不仅有利于扩大边疆少数民族地区的经济发展空间，促进边境地区的稳定与繁荣，而且有利于推动中俄两国的经贸合作。尤其当前中俄两国正在积极推动“振兴东北”“开发远东与后贝加尔”两大战略，满洲里综合保税区的设立可以为两国的战略合作营造良好的对接合作平台，为促进两大战略的成功对接发挥重要作用。

2. 从空间上平衡我国的开发态势，形成与东北沿海保税区的保税运输连接的经济振兴带

目前，我国已经批复设立了重庆西永、苏州工业、天津滨海新区、广西凭祥、江苏昆山等多个综合保税区和洋山、大窑湾等多个保税港区，主要集中分布在东南沿海地区，在内部沿

边开放地区设立综合保税区尚处于空白。设立满洲里综合保税区，将使满洲里市在环渤海陆海联运大通道的基础上，进一步完善保税物流功能，与东北沿海的保税港区相呼应，对于促进内陆地区与东北沿海地区的经济合作，营造更便捷的亚欧大陆桥，形成东北经济振兴带具有非常重要的意义。

3. 发展现代物流业，形成腹地型与中转型相结合的复合型区域性国际物流服务中心

满洲里市是中俄两国开展国际贸易最经济和最便捷的集散地，发展现代物流具有独特的地区优势。设立满洲里综合保税区，通过发展现代物流业和服务业，对于增强满洲里口岸物流向腹地延伸，提升转口贸易的能力具有很强的促进作用，将有力地推动满洲里市成为腹地型与中转型相结合的复合型区域性国际物流服务中心。

4. 优化中俄双方贸易结构，实现区域贸易升级

设立满洲里综合保税区，将有效促进满洲里口岸高附加值产品的进出口和中俄贸易的提档升级。完善的口岸设施和经济、快捷的运输条件，不仅会吸纳更多的商品在满洲里市通关，而且能够有效吸引外向型加工企业的落户，促进加工贸易发展，调整地区产业结构，优化中俄进出口商品结构，提升双边贸易的层次。

（二）设立满洲里综合保税区的可行性分析

满洲里市地处中、俄、蒙三国交界，是我国对俄罗斯西伯

利亚地区开放的重要窗口，是中俄贸易情况的晴雨表，是我国向北开放的重要关口。相比我国东北其他省区的口岸，满洲里口岸具有很多的优势，这些优势为满洲里综合保税区的设立奠定了坚实的基础。

1. 市场优势

满洲里口岸是国家一类口岸，承担着中俄两国贸易 70% 以上的陆路运输任务，同时又是对内、对外两种资源、两个市场的交汇点。亚欧两大洲的货物通过满洲里口岸运输，运距短、运时少、运费省。与满洲里市毗邻的俄罗斯西伯利亚及远东地区自然资源富集，后贝加尔边疆区、布里亚特共和国和伊尔库茨克州三地的木材蓄积量达 130 多亿立方米，西伯利亚与远东地区蕴藏着占全俄罗斯 80% 以上已探明的各种矿产资源，矿产储量价值约 25 万亿美元。俄罗斯 60% ~70% 的轻工产品和 50% 的食品需要进口。满洲里口岸从俄罗斯进口的主要是资源性产品。同时，俄罗斯市场也是进入东欧和独联体市场的重要跳板，因此开拓俄罗斯市场，还将带动对东欧和独联体市场的开发。

2. 疏运和产业优势

满洲里铁路口岸是国家重点建设和优先发展的口岸之一，被国家确定为“大通关”工程的试点口岸，电子口岸铁路集中申报系统已顺利上线运行。满洲里铁路口岸经过扩能改造工程后，通关能力大增，现有宽准轨到发编组线 51 条，其中宽轨 24 条、准轨 27 条，以及口岸站换装线、专用线等线路 90 余条和宽轨列车会让站 1 个、换装场地 20 余个，其中设施完善、功能齐全的大型或专业换装仓储基地有 9 个。该口岸的宽轨站存车能力达到2020车，准轨1712车，年综合换运能力达3000万吨以上，同时也是国家指定的6个汽车整车及其零配件进口口岸之一，是沿边口岸通关功能最全的口岸。为满足未来中俄贸易的需要，投资13亿元集仓储转运、换装功能于一体的新国际货场项目正在建设中，同时配套建设宽准轨铁路设施，形成了集装箱、中铁特货、中铁快运、矿产品散料、化学工业品、汽车机械六大专业货场为主的第二口岸站场。同时，中俄互市贸易区还创建了出口加工和物流仓储基地，正在规划兴建综合产业园区。这些都为综合保税区的设立提供了基础产业条件。

3. 海关监管优势

满洲里海关作为在各沿边开放口岸中唯一的海关总署直属关，其管辖范围较广、管理经验丰富、监管力量雄厚，在海关监管工作中具有非常便利的权限和条件，能够采取有力措施，解决监管过程中存在的各种问题，对于保证满洲里综合保税区的规范发展和正常运营具有独特的优势。

4. 物流集散优势

满洲里口岸已经成为中俄进出口货物的集散地。2010年，满洲里货运量达3552万吨，其中，满洲里口岸进出口货运量达2611万吨（铁路口岸2528万吨、公路口岸83万吨），进出口货值达100多亿美元。[①] 目前，满洲里铁路口岸自俄罗斯进口的货物主要是木材、原油、化工、纸类、化肥、铁矿砂、合成橡胶

---

① 满洲里市统计局：《满洲里市2010年国民经济和社会发展统计公报》，2011年2月17日公布。

等，这些货物流向全国29个省、区、市，向俄罗斯出口的货物以轻工产品、机电产品、矿产品、食品、建材等为主。满洲里公路口岸进口的货物主要是木材、钢材及废钢等，出口的货物主要是蔬菜、水果、机电产品为主。

5. 口岸优势

满洲里口岸是最大的对俄口岸，拥有全国最大的铁路口岸。近年来，随着中俄战略协作伙伴关系的不断加强和双边经贸合作的不断发展，满洲里口岸经过扩能改造工程后，通关能力大增。满洲里铁路口岸建成了集装箱、原油等专业换装场，开通了满洲里—大连陆海联运集装箱班列，满洲里公路口岸实行了24小时通关，年通关能力达350万吨；满洲里国际航空口岸已正式获批。自此，公铁并列、陆空齐备的国际口岸大通道格局已初步形成。

6. 区位优势

满洲里市作为国家首批沿边开放城市，向外与俄罗斯、蒙古国毗邻，是连接亚欧最重要、最便捷的陆路通道之一，是国内外两种资源、两个市场的交汇点和国家口岸发展的战略重点。对内背靠中国东北三省，与环渤海地区相贯通，经济腹地辽阔。满洲里市连接中、俄、蒙三国的区位优势，使满洲里口岸在参与和推动东北亚区域经济合作中，具有运输距离短、辐射范围广、合作潜力大等优越条件，也使满洲里市有望成为东北亚区域中心城市。

三、设立二连浩特综合保税区的意义和可行性分析

二连浩特市于 1986 年 3 月被国务院批准为甲类开放城市。1992 年 7 月，国务院批准二连浩特市为全国 13 个沿边开放城市之一。二连浩特市是我国实施向北开放战略的重要窗口和我国最便捷的欧亚大陆桥的“桥头堡”。目前，二连浩特市是中国对蒙古国开放的最大陆路口岸，中国重要的进出口集散地，在深入实施向北开放战略中发挥着极其重要的作用。根据二连浩特口岸的基础条件和经济发展的实际需要，建议设立二连浩特综合保税区，以便进一步完善口岸服务功能，全面提升二连浩特口岸的国际竞争力，更好地发挥东联、北开、西出的战略地位，全面提高我国向北开放的水平。

（一）设立二连浩特综合保税区的意义

设立二连浩特综合保税区的意义在于：

1. 成为区域经济发展外贸和探索转变外贸发展方式的增长点，形成周边国家资源与境内资源双向合作的示范区

设立二连浩特综合保税区，对于增强二连浩特口岸实力，培育新的经济增长点意义重大。把综合保税区建设成为二连浩特外贸发展和外贸战略升级的着力点，建成吸纳和开发蒙古国、俄罗斯资源及原材料的最佳战略要地，建成境内出口优势产品流向蒙、俄及欧洲其他国家的重要通道，建成地区经济发展中最具影响力的示范区，对于内蒙古自治区，乃至国家向北开放

均具有重要的战略意义。

2. 有利于健全和完善二连浩特口岸的综合服务功能

构建二连浩特综合保税区，将强化二连浩特口岸的保税物流和出口加工的功能，完善二连浩特无水港的服务功能，接受环渤海地区主要港口的辐射，促进中蒙、中俄、中欧贸易的升级，提供更好的基础和平台。同时也将加速国际资本、信息、技术、劳动力等要素向二连浩特集聚，使其尽快成为国际贸易、外向型加工、跨境旅游的基地和区域性国际物流中心，以及引进来、走出去战略的实施舞台。

3. 有利于加快推动边境口岸地区发展和促进西部大开发

二连浩特市属于边疆少数民族地区，产业结构单一，经济发展相对滞后。通过设立二连浩特综合保税区，可以利用欧盟和美国赋予蒙古国的“普惠制”政策，承接国内产业转移，吸引外资集聚，进一步拓展二连浩特口岸经济发展空间，带动区域经济发展。此外，设立二连浩特综合保税区，可以作为国家实施西部大开发战略的重要突破，加快推进内蒙古的开放开发，对于尽快缩小内蒙古与全国的发展差距，实现各民族的共同繁荣，具有十分重要的战略意义。

4. 有利于进一步巩固和加强中蒙睦邻友好关系

蒙古国的战略位置特殊、境内资源丰富，为此，近年来，西方一些国家为了达到扼制我国的目的，正在加强对蒙古国的渗透，抢占蒙古国的市场，争夺蒙古国的资源。二连浩特口岸直接面对蒙古国，是我国对蒙古国影响力、辐射力最大的口岸城市。设立二连浩特综合保税区，有利于推动中蒙贸易的快速发展，带动中蒙两国边境地区的经济社会发展，进一步增强中蒙双方的联系和交往。这将直接关系到我国边境地区的安宁、稳定和我国对蒙古国的友好交往和合作，政治意义十分重大。

（二）设立二连浩特综合保税区的可行性分析

国务院《关于促进边境地区贸易发展问题的批复》（国函［2008］92 号）明确提出："对在边境地区申请设立具有保税功能、货物从境内区外入区享受退税政策的跨境经济合作区，由海关总署在全国海关特殊监管区与宏观布局规划中统筹考虑。"该批复为设立二连浩特综合保税区提供了政策依据。从实际情况来看，二连浩特市具备设立综合保税区的诸多优势条件。

1. 区位和交通优势

二连浩特市是北京—乌兰巴托—莫斯科国际铁路上的重要枢纽，距莫斯科市 7623 公里，距乌兰巴托市 714 公里，距北京 680 公里，距天津市 830 公里。以北京市为起点，经二连浩特到莫斯科市，比走滨洲线（哈尔滨—满洲里）近 1140 公里。2004 年开通的呼和浩特—法兰克福如意号国际集装箱物流专列，途经 6 个国家，单程运输时间比海运至少缩短 27 天。二连浩特市至广州市的高速公路已全线贯通，与蒙古国开通的乌兰巴托市至扎门乌德市的公路相连接，集二线铁路经京包线、京山线与天津港相连，二连浩特市到锡林浩特市的铁路已建成并投入使用，使二连浩特市到锦州、大连、营口等港口的运输更加便捷。二连浩特市的4C级支线机场于2009年投入使用。随着基础设施的逐步完善，二连浩特市即将形成公路、铁路、航空立体运行的国际疏运通道。

2. 产业和市场优势

二连浩特市面对的蒙古国、俄罗斯地广人稀、资源丰富，被誉为“21世纪人类自然资源的宝库”。蒙古国的畜产品和矿产资源富饶，现已探明80多种矿产资源和3000多个矿点，俄罗斯的森林资源居世界第一。我国每年经二连浩特市进口大量的木材、矿产品等重要战略物资，因此二连浩特市利用丰富的进口资源，发展木材加工、矿产品初选加工、畜产品加工、能源综合利用等特色产业优势明显。二连浩特面对蒙古国、俄罗斯和欧洲的消费市场，蒙古国70%以上的生活用品从二连浩特口岸运入，我国大量的建材、机械产品、服装和食品经二连浩特口岸出口到蒙古国和俄罗斯西伯利亚地区，部分产品还远销欧洲市场。

3. 对外开放优势

二连浩特市与蒙古国的扎门乌德市相距仅9公里。目前，蒙古国正在扎门乌德市规划建设面积最大、投资贸易政策最优惠、开放程度最高的自由经济区。我国援助蒙古国的3亿美元贷款项目基本得到落实，蒙古国计划将其中的8000万美元贷款用于扎门乌德基础设施建设。随着扎门乌德市及其自由经济区的开发建设，在二连浩特市设立综合保税区的意义将更加明显。届时二连浩特市可利用欧盟等发达国家赋予蒙古国8200种产品出口免关税，不受配额限制的“普惠制”政策，积极向国内外招商，鼓励国内外大企业在二连浩特口岸和扎门乌德市投资建厂，大力发展加工、仓储、配送、物流等相关产业。

4. 货物疏运和集散优势

二连浩特市作为欧亚大陆的“桥头堡”，公路、铁路口岸年吞吐能力达到1600万吨，不仅承担着中蒙贸易70%以上的运输任务，而且承担着中俄、中欧贸易的转关跨境运输任务。二连浩特口岸服务功能齐全，已建成公路口岸通道、铁路H986货运列车查验系统、口岸电子信息平台和世界最大的换轮库，正在筹建公路口岸货运新通道和铁路国际物流中心。公路口岸实行每周7天通关，铁路口岸部分业务实现24小时通关，并且开辟了果蔬、粮油、食品出口的“绿色通道”。2005年，二连浩特口岸进出口货运量达到854万吨，创历史最高水平。在进口方面，二连浩特口岸每年进口木材300万立方米、铜矿粉50余万吨。此外，随着蒙古国矿山开发陆续进入产出期，铁矿石、煤炭、石油、锌矿粉等产品进口量增长很快，有望成为新的大宗进口货物。在出口方面，二连浩特市每年出口建材100多万吨、食品20多万吨、机电产品10万余台。

四、边境综合保税区的设立与构建

截至2012年5月31日，经国务院批准，在全国设立的综合保税区有21家（见表3－1），但到目前为止在中国北部4261多公里的漫长边境线上还没有设立一个综合保税区。为了满足满洲里市和二连浩特市经济发展的需要，更好地发挥边境口岸的链接作用，建议国务院批准设立满洲里综合保税区和二连浩特综合保税区，赋予其相应的法律地位，纳入海关特殊监管区域管理。为了促进综合保税区成功报批、有效管理和高效运行，根据满洲里市和二连浩特市的区位特点、产业优势、经济结构等因素，应就满洲里综合保税区和二连浩特市综合保税区的申请设立、管理运行和法律制度进行精心设计。

表3-1　全国各综合保税区批复一览表

名　称	下发时间
海南海口综合保税区	1992年10月
成都综合保税区	2010年10月
苏州工业园综合保税区	2006年12月
河南新郑综合保税区	2010年10月
天津滨海新区综合保税区	2008年3月
潍坊综合保税区	2011年1月
北京天竺综合保税区	2008年7月
陕西西安综合保税区	2011年2月
广西凭祥综合保税区	2008年12月
新疆阿拉山口综合保税区	2011年5月
黑龙江绥芬河综合保税区	2009年4月
武汉东湖综合保税区	2011年8月
上海浦东机场综合保税区	2009年8月
沈阳综合保税区	2011年11月

续表

名　称	下发时间
江苏昆山综合保税区	2009 年 12 月
长春兴隆综合保税区	2011 年 12 月
重庆西永综合保税区	2010 年 2 月
无锡高新区综合保税区	2012 年 5 月
广州白云机场综合保税区	2010 年 7 月
济南综合保税区	2012 年 5 月
苏州高新技术产业开发区综合保税区	2010 年 8 月

数据来源：由国务院对各地综合保税区批复整理而得。

（一）综合保税区的申请设立

《中华人民共和国海关法》第三十四条明确规定："经国务院批准在中华人民共和国境内设立的保税区等海关特殊监管区域，由海关按照国家有关规定实施监管。"这简明地规定了我国保税区的审批权限、监管主体和监管办法。保税区的审批权属国务院，各省级人民政府或者其他机构无权审批。既然国务院是审批主体，那么申报的主体只能是省级人民政府。由此可知，满洲里综合保税区和二连浩特综合保税区只能由内蒙古自治区人民政府申请报批设立。申报的各项准备工作，应由内蒙古自治区人民政府负责，满洲里市和二连浩特市的政府各部门协助配合，提供初步的设计方案、可行性论证等相关参考意见和建议。

（二）综合保税区的基础设施建设

综合保税区实行封闭式管理。综合保税区与区外之间应当设置符合海关监管要求的卡口、围网、视频监控系统等，综合保税区内不得居住人员。除保障综合保税区内人员正常工作、生活需要的非营利性设施外，综合保税区内不得建立商业性生活消费设施和开展商业零售业务。海关及其他行政管理机构的办公场所应当设置在综合保税区规划面积以内、围网以外的保税区综合办公区内。综合保税区管理机构应当建立信息共享的计算机公共信息平台，并通过电子口岸实现区内企业及相关单位与海关之间的电子数据交换。①

（三）综合保税区的货物进出管理

综合保税区是海关监管的特定区域，享受国内保税区的有关税收、外汇政策，即享受保税区、出口加工区的税收和外汇管理政策。综合保税区货物进出管理的总体原则为一线放开、二线管住、区内自由。一线放开是指国外货物入区保税。综合保税区与境外之间的货物进出（国家禁止的枪支、弹药、毒品等非法物品除外），不视为进出口，除特殊情形外，海关仅实行备案制管理，也无需申请进出口配额、许可证和办理通常的进出口手续，免征进口关税和代收税。二线管住是指货物从综合保税区进入区外（即国内保税区外）销售，视为进口同，从区

---

① 参见《中华人民共和国海关保税港区管理暂行办法》第四、五、六条。

外进入综合保税区视为出口，需根据相关法律和规定办理进出口手续，并按货物的实际状态，缴纳关税和办理出口退税，属于配额、许可证件管理的，区内企业或者区外收货人还应当向海关出具配额、许可证件。区内自由是指货物在综合保税区内可自由流转、加工、展示、储存等，综合保税区内的货物一般情况下不设存储期限，区内企业之间的货物交易不征增值税和消费税。此外，建议对入驻满洲里综合保税区和二连浩特综合保税区的企业免征2～3年的企业所得税。

（四）综合保税区的行政管理

综合保税区应实行全封闭的信息化和集约化的管理。

（1）海关对进出综合保税区的运输工具、货物、物品以及综合保税区内的企业、场所进行监管。海关对综合保税区监管拥有如下权力（列举，不包括全部）：①检查进出境运输工具，查验进出境货物、物品；②查阅进出境人员的证件；③查阅、复制与进出境运输工具、货物、物品有关的合同、发票、账册、单据、记录、文件、业务函电、录音录像制品和其他资料；④在海关监管区和海关附近的沿海沿边规定地区，检查有走私嫌疑的运输工具和有藏匿走私货物、物品嫌疑的场所，检查走私嫌疑人的身体；⑤在调查走私案件时，经直属海关关长或者其授权的隶属海关关长批准，可以查询案件涉嫌单位和涉嫌人员在金融机构、邮政企业的存款、汇款。①

① 参见《中华人民共和国海关法》第六条。

（2）我国综合保税区实行分工负责、协调配合的管理体系，即由海关牵头、其他机关配合、地方政府协助管理。各地方政府负责综合保税区的日常行政管理。各地方政府一般会成立专门的管理委员会，作为政府的派出机构，执行管理职能，管理委员会由省级人民政府、综合保税区所在地的人民政府以及其他相关部门派出人员组成。为避免机构、职能重复设置，可考虑组建满洲里综合保税区与二连浩特综合保税区的管理委员会，作为满洲里市政府、二连浩特市政府的派出机构，统一负责综合保税区的日常事务管理和区域内企业政策协调，具体落实国家有关部门各项政策的执行，协助口岸查验部门实行监管，协调驻区的工商、税务、通关、环保等机构的管理服务，确保各项规章和执行程序的公开、透明，最大限度地提高行政监管服务效能，确保综合保税区的行政监管高效运行。

（五）综合保税区的运行机制

综合保税区的运行机制主要包括货物监管、人员出入管理、税收管理、外汇管理、进出口贸易管理等。各相关部门要按照国家的相关法律、法规和政策规定履行监管职能，在保证海关封闭监管的前提下，简化通关手续，降低企业成本，实现科学管理、规范运转。要积极借鉴上海、江苏海关特殊监管区域的先进管理经验，成立综合保税区国有资产运作公司，负责出口加工区及周边配套区的基础设施建设，并进行国有资本运营，积极引进有实力的企业和各类市场主体参与建设和经营，实现投资和管理的多元化。

五、满洲里综合保税区、二连浩特综合保税区的功能定位

我国已设立的综合保税区，是我国目前开放程度高、政策优惠、功能齐全的海关特殊监管区域，其功能和税收、外汇政策按照《国务院关于设立洋山保税港区的批复》的有关规定执行。综合保税区以国际中转、国际采购、国际配送、国际转口贸易和保税加工等功能为主，以商品服务交易、投资融资保险等功能为辅，以法律政务、进出口展示等服务功能为配套，以实现生产要素聚散、重要物资中转。

（一）我国综合保税区的功能定位

我国的综合保税区一般具备以下功能：

（1）港口或口岸作业功能：存储通过港口或口岸进出境的货物以及其他未办海关手续的货物，开展货物装卸、拖运等基本的港口或口岸作业业务，货物在区内的停留不设时间限制。

（2）物流仓储功能：在综合保税区陆上特定区域设立仓储物流区，提供进口保税货物整箱堆存的服务，货物可以根据货主需要，在综合保税区内进行综合处理，如进行分拆、集拼等商业性简单加工，然后向境内外分拨配送或国际中转。

（3）转口贸易功能：综合保税区内的企业可从事订货、交易、转口贸易等经营活动，对采购进区的国内货物和保税货物进行出口集运的综合处理或商业性的简单加工后，向国内外分

销，返销。国内货物进入综合保税区卡口，即可享受出口退税政策。

（4）出口加工功能：在综合保税区特定区域设立出口加工区，发展现代制造业，延伸产业价值链，开展加工贸易，提高产品的附加值和自主创新能力。

（5）商品展示功能：在综合保税区的特定场所展示看样订货的展览品、样品，方便客户参观，拓展国内外市场。

目前，我国综合保税区都根据自身的地理条件、区位优势、经济结构和产业特色，来确定功能定位，选择性地重点发展上述基本功能中的一个或多个，并根据新形势的变化调整和拓展其他功能。如福州保税区和厦门保税区利用其临近台湾的地理优势，主要发展对台贸易、国际贸易、转口贸易；深圳福田保税区和盐田港保税区因为邻近香港，仓储费用低，所以把仓储功能作为其主要功能。①

（二）满洲里综合保税区和二连浩特综合保税区的功能定位

满洲里综合保税区和二连浩特综合保税区应坚持引进来和走出去相结合，充分发挥口岸开放辐射和产业开发链接的优势，具有口岸通关、仓储物流、国际贸易、出口加工、展示展览等多种功能，重点布局以下功能：

（1）加工转化：充分利用国内外两个市场，实施以市场为导向的优势资源转化战略，大力发展进口资源接续和出口产品

① 参见田开谷：《我国保税港区法律制度研究》，13页，重庆，西南政法大学硕士学位论文，2010。

分拨的口岸加工制造业。依托从俄罗斯、蒙古国进口的矿产资源，开展矿产资源加工、石化产品精细加工，重点发展煤电、煤化工、重油加工，矿产品冶炼等产业；开发利用俄罗斯、蒙古国的森林、畜牧业等资源，重点发展以木材加工、家具制造、农畜产品加工为主的精深加工产业；设立满洲里国家级进口木材示范区，建设全国最大的集成材加工集散基地；面向俄罗斯、蒙古国的市场，承接东南沿海的资金、技术和产业转移，配套发展轻工纺织、建筑材料、机械设备、机电产品、汽车及电子产品组装等出口产品加工业，带动国内工业产品出口。

（2）仓储物流：满洲里市可依托其强大的铁路、公路和航空三大口岸，以新国际货场为主体，发展仓储、转口等国际物流业务。二连浩特市应以铁路国际物流中心为核心，创新物流服务方式，以建设现代物流信息管理体系为核心，努力降低跨境物流成本，扩大物流规模，打造内蒙古中西部乃至环渤海地区的销售服务基地和国际货物集散地。

（三）综合保税区法律运行对策

我国涉及综合保税区的现行法律制度主要有：

（1）《中华人民共和国海关法》

中华人民共和国海关是我国的进出关境监督管理机关，而《海关法》是我国海关执行监管的基本法律和依据，其第三十二条、第三十四条、第一百零一条对综合保税区（保税港区）做了基础性规定，这是我国综合保税区法律体系的核心，体现了海关对综合保税区监管的原则和宗旨。

（2）行政法规

除国务院对各综合保税区的申请所作的批复外，目前尚无专门性的、具体的对综合保税区监管和其他事项进行规定的行政法规。各批复对批准设立的综合保税区的区划、面积、监管模式、外汇和税收政策等基本内容做了简要说明。

（3）部门规章

目前，我国海关总署、国家外汇管理局和国家税务总局根据自己的部门职能，均发布了关于保税区的部门规章。海关总署于 2007 年 9 月发布了《中华人民共和国海关保税港区管理暂行办法》，于 2007 年 10 月 3 日起正式实施。该办法的出台实现了与我国海关法及相关法规的有效对接，标志着我国保税区的管理和运作正式纳入了法制化轨道。该办法分六章，前四章分别对保税港区的定义、保税港区与境外之间进出货物的监管、保税港区与（境内）区外之间进出货物的监管、保税港区内货物的监管作了较为详尽的规定。第五章对直接进出口货物以及进出保税港区的运输工具和个人携带的货物、物品的监管进行规定。

由国家外汇管理局制定的《保税监管区域外汇管理办法》，自 2007 年 10 月 1 日起正式实施。该《办法》统一适用于保税区、保税港区、综合保税区、出口加工区、保税物流园区、跨境工业区等海关实施封闭监管的特定区域，为我国保税（港）区内的企业提供了较为便捷、优惠的特殊外汇结算、核销手续。

2006 年 12 月 15 日，国家税务总局发布了《关于洋山保税港区等海关监管特殊区域有关税收问题的通知》，规定洋山保税港区（简称港区）和珠澳跨境工业区珠海园区（简称园区）享受出口加工区的税收政策，即国内货物进入港区或园区视同出口，实行退税，港区或园区内企业的货物交易不征收增值税、消费税。国内货物“出口”到港区或园区、港区或园区区内企业耗用的水、电、气（汽），按现行政策规定的出口货物适用的出口退税率执行。

（4）地方政府规章

为了促进综合保税区的高效运行和实现有效监管，根据各自保税区的实际发展情况和运行机制，各级地方政府均制定了相应的地方政府规章，一般以“管理办法”或者“管理规定”命名。在我国综合保税区的法律体系中，地方政府规章占了很大部分，发挥着重要的作用。我国最早出台的关于保税港区的地方政府规章是上海市的《洋山保税港区管理办法》。此后有天津市 2007 年 9 月公布的《天津东疆保税港区管理规定》等。

虽然关于综合保税区国家已有上述法律、法规，但是许多法学工作者和专家、学者认为我国综合保税区法律制度尚待完善。在综合保税区的法律体系中，《中华人民共和国海关法》虽然是中央层面的立法，属于狭义上的法律，但是其并不是综合保税区在各方面的专门性立法；《中华人民共和国海关保税港区管理暂行办法》仅仅是部门规章层次，虽然已正式施行，但是毕竟还停留在暂行办法的阶段，对于已成立的综合保税区而言，亟待更新。① 有的学者还提出立法建议，要求制定《中华人民共

① 参见田开谷：《我国保税港区法律制度研究》，26 页，重庆，西南政法大学硕士学位论文，2010。

和国保税港区法》。为了保证立法的科学性和时代性，可以先由国务院制定《保税港区管理条例》，待条件成熟后，再由全国人民代表大会或其常务委员会进行审议和讨论，征求各方意见后，制定法律。就此问题本书不再赘述。

六、设立综合保税区的配套改革措施

（一）着力推进口岸培优工程，大力发展口岸经济

1. 加强口岸基础设施建设

进一步加快铁路、公路、航空、管道立体化疏运网络建设，完善欧亚陆路大通道。加快建设满洲里新国际货场，将俄罗斯宽轨铁路延伸至扎赉诺尔能源开发转化基地，建设满洲里—伊尔施—乔巴山国际铁路，建设滨洲高速铁路。积极与俄方对接，加快实施铁路、公路口岸改扩建工程，实现双向扩能提效。完善满洲里市至东北地区的公路交通网，建设满洲里市至阿拉坦额莫勒镇的一级公路，加速推进满洲里市至大庆市、满洲里市至绥芬河市的高速公路建设，积极与俄罗斯、蒙古国协商，加快改造 A－166 联邦公路和至乌兰巴托市的高等级公路，全面提升满洲里市辐射周边、贯通内外的公路等级。建设经满洲里市的中俄石油、天然气管道。扩建满洲里西郊机场，增加满洲里市至国内大中城市机场航班时刻，开通满洲里市至俄罗斯、蒙古国以及日本、韩国等东北亚国家的中心城市和旅游城市的国际航线，开展跨国航线经停航点的航权管理试点，建设区域性国际航空客货运输中心。

2. 大力发展口岸经济

（1）加快国际物流枢纽建设。与综合保税区相配套，建设公路口岸物流园和空港物流园。完善现代综合运输物流服务网络及配套设施，积极培育一批龙头物流企业，大力发展陆路物流产业、空港物流产业和陆海物流产业，建设以中转分拨、保税仓储、运输配送、离岸加工为主要方式的现代物流产业集群。积极与国内重要工业基地联运合作，重点发展资源类产品的专业物流。与国内物流节点城市建立物流信息公共平台，拓展环渤海港口集装箱班列业务，推进陆海联运国际物流网络建设。加强与俄罗斯、蒙古国的物流合作，建立跨境物流节点的直通关体系。

（2）引导各类投资经营主体设立对外经贸窗口和分支机构，发展总部经济，实施贸易企业集团化战略，培育和发展贸易大户，积极引进世界和国内大企业、大集团在满洲里市和二连浩特设置进口环节财务核算机构，利用口岸开展大宗商品贸易。实施境内外贸工一体化战略，有效链接境内外加工园区，形成境外初加工、境内深加工和境内产品加工、境外分拨销售的贸工一体化模式。实施外贸商品市场专业化战略，建设机械电子、农副产品、化工建材、轻纺服装、进口原料等大型专业市场；提升木材交易中心的功能，形成价格主导优势；大力发展综合购物商场、品牌专卖店和中心商业街区，实施品牌化战略，实施农副产品出口规模化战略，拓展出口绿色通道，支持创汇农业仓储基地扩大规模和建设境外销售网络，形成内地种植、口岸中转、境外分拨的创汇农产品出口基地。

3. 优化口岸经济发展环境

提升口岸综合服务水平，打造功能齐全、管理科学、服务优良、高效通关的现代化国际口岸。深入推进大通关，试行中央与地方共管边境口岸工作体制，深化海关分类通关体系，建立检验检疫绿色通道，强化边境管理信息化、规范化和便利化建设，形成海关、检验检疫、边检、铁路的联检联运一站式查验新机制。加快国际电子口岸和公共信息平台建设，形成国际化通信枢纽和信息中心。积极探索与俄方口岸实施简化海关程序、检验检疫认证认可、跨境客货便利运输一体化通关新模式，加强跨区域口岸合作，扩大与沿边和沿海通关的业务范围，提高口岸通关效能，建设大通关示范口岸。

（二）优化外贸政策环境，继续推进外贸结构调整和转型升级

1. 推动满洲里市开展跨境贸易电子商务服务示范城市建设

电子商务已经成为我国重要的社会经济形式和现代流通方式，广泛、深入地渗透到生产、流通、消费等领域，改变着传统经营管理模式和生产组织形态。据商务部预计，未来五年（2011—2015 年）电子商务交易额将保持年均 20% 以上的增长速度，2015 年将达到 12 万亿元。① 这将推动满洲里市开展跨境贸易电子商务服务示范城市建设。由海关总署牵头，组织利用

① 国家发展改革委员会、财政部、商务部、人民银行、海关总署、税务总局、工商总局、质检局：《关于促进电子商务健康快速发展有关工作的通知》，颁布、实施日期：2012 年 2 月 6 日。

满洲里市的电子口岸平台资源，开展跨境贸易电子商务服务，研究跨境贸易电子商务便利化措施，拓展绿色通关渠道，提高通关管理和服务水平，推进金融、信息、商贸服务便利化。

2. 大力发展旅游贸易，积极引导服务贸易发展

二连浩特市以周边草原为核心，加大生态投入，积极开展保护性开发，开展参观旅游服务业。满洲里市以呼伦湖国家级自然保护区、二子湖湿地、周边草原为主体，规划建设国门观光旅游、俄蒙民俗风情园、俄罗斯套娃广场等景区、景点，重点发展旅游度假、观光农业等生态经济产业。同时，将中俄蒙国际科技展上升为国家级展会，提升满洲里中俄蒙国际旅游节、冰雪节、中俄蒙三国选美大赛和经贸展的水平。加强与俄罗斯、蒙古国旅游休闲特区的合作，建立中俄、中蒙跨境旅游合作区，开发中俄蒙零号界碑旅游项目。

扩大与国外文艺团体入境演出的合作，丰富旅游文化市场。开展市内免税经营试点，试行境外旅客购物离境退税政策和国内游客免税购物政策。赋予边境旅游异地办照审批权、制证权，以及因私出国（境）证件审批权和外国人居留许可审批权，授予满洲里市和二连浩特市团体旅游签证权，增加入境旅游免签证国家，放宽免签证国家旅游团组人数限制，延长入境停留时间。将满洲里市和二连浩特市打造成东北亚区域性跨境旅游基地。

（三）强化企业技术创新，积极帮助企业减负，提升企业的竞争能力

强化企业技术创新的主体地位。建立企业主导产业技术研

发、创新的体制和机制，支持企业加强研发中心建设，加大研发投入。支持企业与科研院所、高校组建技术创新联盟，联合攻克产业关键技术。鼓励科技人员创办科技型企业，建立基础研究、应用研究、技术创新和成果转化协调发展的机制。

二连浩特市、满洲里市的商务局应会同有关部门研究促进企业发展的具体政策措施，从缓解企业的资金压力、减轻企业的负担、帮助企业应对贸易摩擦、完善出口信用风险保障机制以及提高贸易便利化水平等方面，支持企业发展。要正确处理政府与企业的关系，充分发挥企业的自主权和积极性。要支持企业通过培育自主品牌、完善营销网络等方式，逐步向产业链高端延伸，提升企业的核心竞争力，增创外贸竞争的新优势。在巩固传统市场的同时，大力开拓新兴市场。

（四）创新行政管理体系和工商管理体系，营造良好的外贸发展公共环境

1. 创新行政管理体系

加快转变政府管理职能，统筹发挥好政府在规划、政策等方面的调控作用和市场配置资源的基础性作用。减少管理层级，降低行政成本，减少和规范行政审批事项，提高行政服务效能。按照统一、协调、精简、高效的原则，建立权责一致、分工合理、决策科学、执行顺畅、监督有力的行政管理体制。创新开放合作模式，建立地方政府定期会晤机制，与俄罗斯、蒙古国毗邻州市建立广泛的政府间协调联系工作机制，密切双边多层次、多领域互利合作。加强对罗斯、蒙古国贸易促进和保障机

制建设。实行更加开放的出入境管理措施，赋予公务护照电子信息采集业务受理权限和签证通知“一类被授权单位”权限，促进投资、贸易和人员往来的便利化。

2. 创新工商管理体系

借鉴国际先进模式，推进注册资本登记和经营范围登记改革，降低货币出资注册门槛，增加非货币出资方式，扩大非货币出资范畴。建立健全企业诚信分类监管体系、国际化消费维权体系和监管执法意见反馈体系，实现市场自律、规范发展和监管执法的良性互动。

创新产业促进机制，将引进的国外科技产业化项目纳入国家自主创新支持体系，在认定高新技术企业资格时给予倾斜；将进口加工、能源开发转化等产业项目列入西部大开发鼓励类产业目录，在项目审核、市场准入等方面放宽限制；将边境贸易纳入进口贴息政策范围，将进口木材、铁矿石、化肥等资源性商品纳入贴息商品目录；放宽石油产品、化工产品、矿产品和动物皮张等进口资源加工商品的进口限制；对边境贸易出口实施补助；将进口料件加工复出口项目列入出口管制例外；对边境贸易项下的进出口配额放宽申报条件并给予重点倾斜。

鼓励和引导民间资本投资，贯彻落实“新 36 条”。在拓展投资领域上先行先试，进一步放宽市场准入，抓紧研究打破垄断、公平准入、鼓励竞争的具体政策，鼓励民间投资进入铁路、市政、金融、能源、社会事业等领域，促进各类生产要素自由流动和资源市场优化配置。进一步减少投资审批事项，国家只审批或核准政府投资项目和关系国家经济安全、涉及整体布局、影响资源环境的事项，并简化审批环节，规范审批程序，强化服务监督。

（五）着力推进走出去战略，提高对外经济合作的水平

积极落实《中华人民共和国东北地区与俄罗斯联邦远东及东西伯利亚地区合作规划纲要（2009—2018）》，推进与俄罗斯毗邻地区双边合作项目建设，与俄方共商建设跨境经济合作区，积极探索设立中俄边境自由贸易区。在俄罗斯、蒙古国建设境外加工基地、境外工业园区、出口商品展销中心和贸易促进服务中心，充分开发、利用俄罗斯、蒙古国资源，加快建设乌利亚工业园区等境外合作项目，搭建各类企业开发、利用俄罗斯、蒙古国资源、市场的合作平台。借助哈大齐工业走廊，融入长吉图先导区和环渤海区域合作分工，主动承接国内资金、技术和产业的转移，形成境内外产业互动和产业链条互补的机制。扩大与周边国家在建筑工程、森林采伐、矿产开发、农牧业等方面的合作，带动设备、产品出口和劳务输出。

（六）着力扩大外资规模，科学、合理、有效地利用外资

优化开放投资的环境，创新利用外资的方式，进一步提高利用外资的规模和质量。放宽对外资独资投资领域和经营范围的限制，鼓励引进拥有自主知识产权的外国人创业，允许用人民币投资和以自主知识产权入股。引导外资投向进出口加工制造、能源开发转化、旅游资源开发、现代物流服务等产业，鼓励外资参与重大基础设施、公共服务设施、境外园区建设项目。

支持争取国际金融组织和外国政府优惠贷款，建设基础设施，合作开发境外资源。

市场经济的目的和宗旨就是实现商品、资本、劳务和技术的自由流动，达到资源的最优化利用，一个国家的市场化水平很大程度上反映了其经济效益和竞争能力。目前，中、俄、蒙三国都从计划经济的桎梏中脱茧出来了，首先要学会利用市场机制实现资源在国内的合理配置和优化组合，其次要以经济智慧和全球胸怀，实现区域乃至全球贸易和投资的自由化。

中俄、中蒙之间的贸易互补性极强，中俄、中蒙两国应拓展和综合利用两个市场，充分发挥禀赋和技术比较优势，实现优势资源、劳动力、资本和技术的自由流动，实现区域贸易和投资的自由化。

第二节 边民互市贸易区运营法律的完善

中俄边境民间贸易的历史源远流长，两国很早就对边境民间贸易进行规范。1689 年签订的中俄《尼布楚条约》第一次对已经存在的中俄边境民间贸易做了规定。“自和约已定之日起，凡两国人民持有护照者，俱得过界来往，并许其贸易互市。”①1858 年的中俄《瑷珲条约》有关条款为“两国所属之人互向取

① 袁庆寿、牛德林主编：《中国边疆经济发展概略》，196、197 页，哈尔滨，黑龙江人民出版社，1993。

和，乌苏里、黑龙江、松花江居住两国所属之人，令其一同交易，官员等在两岸彼此照看两国贸易之人”①。1859 年，中俄签订的《黑龙江通商条规》明确规定：“通商后两国卖货俱不征税。”② 1862 年签订的《中俄陆路通商章程》明确指出：“边境百里不纳税。”③ 从以上规定、条约、章程可以看出，这些条文对边民互市的监管、交易地点、关税征收等做出了大致的规定，应属边民互市贸易的早期法律规范。

为了促进边境地区居民互市贸易的健康发展，繁荣边境经济，1996 年我国将边境贸易分为边境小额贸易和边民互市贸易两种方式④，并制定了《边民互市贸易管理办法》。边民互市贸易是指边境地区边民在我国陆路边境 20 公里以内，经政府批准的开放点或指定的集市上，在不超过规定的金额或数量范围内进行的商品交换活动。开展边民互市贸易应符合以下条件：互市地点应由边境省、自治区人民政府批准，区内海关监管设施要符合海关要求。边民互市贸易区应设在陆路、界河边境线的附近，且要有明确的界线。由此可见，边民互市贸易需在边民互市贸易区内进行。

---

① 袁庆寿、牛德林主编：《中国边疆经济发展概略》，196、197 页，哈尔滨，黑龙江人民出版社，1993。

② 王兆明主编，黑河市地方志编纂委员会编：《黑河地区志》，555 页，北京，生活·读书·新知三联书店，1996。

③ 王兆明主编，黑河市地方志编纂委员会编：《黑河地区志》，555 页，北京，生活·读书·新知三联书店，1996

④ 参见国务院：《关于边境贸易有关问题的通知》（国发［1996］2 号），颁布日期：1996 年 1 月 3 日；实施日期：1996 年 4 月 1 日。

一、满洲里和二连浩特边民互市贸易区简介

边民互市贸易区是经有关部门批准，在距边境线20公里以内、供毗邻国家间公民进行限额商品交易活动的指定区域。从法律定位来看，属小型的海关特殊监管区，通常简称“互贸区”。

（一）满洲里互市贸易区

满洲里市中俄互市贸易区是国务院于1992年批准设立的首家跨国界的国家级开发区①，批准辖区总面积为10万平方米（现商贸旅游区）。其主要功能是边民贸易、金融服务、旅游观光、购物、餐饮、娱乐。当年成立的满洲里市中俄互市贸易区管理委员会，其主要任务是抓商贸旅游区建设、运营和与俄方双向开通工作，辖区规划面积为17.09平方公里。

2005年，满洲里市政府对中俄互市贸易区的功能重新进行了定位，调整了中俄互市贸易区的发展方向及产业布局。2006年起中俄互市贸易区开始实施商贸兴区、旅游活区、工业强区的战略，积极推进商贸旅游、出口加工、国际仓储物流三大产业的发展。

1. 商贸旅游业

商贸旅游业以商贸旅游区（封闭区）为主，该商贸旅游区

---

① 参见国务院：《关于同意建立中俄满洲里—后贝加尔斯克边民互市贸易区的批复》（国函［1992］32号），颁布日期：1992年4月12日。

中俄双方共同规划并正在实施的跨境旅游园区，实行整体封闭管理、开放经营，双方入口处设海关、边检等机构，区内设有购物商厦、餐厅、宾馆等商业设施，经营纺织品、日用品、家电、服装、旅游纪念品等。由于俄方建设滞后，商贸旅游区于1996年11月开始单方试运营，俄方公民每天以一日游的方式，从俄罗斯公路口岸，经互市贸易区专用通道直接进入商贸旅游区观光、购物。2001年1月，商贸旅游区被国家旅游局评定为国家4A级旅游景区。到目前共接待中外游客700余万人次，其中俄罗斯游客150余万人次，出口商品贸易额达60亿元人民币，出口货物达6.8万吨。其中2011年，俄罗斯游客入区人数为3.5万人次，出口货物达1746吨，交易额达3.47亿元。①

2. 出口加工业

随着中俄经济贸易的不断发展，为促进企业集聚发展，形成集群效应，2005年辟建了出口加工区，规划面积为0.98平方公里，现已投资1.07亿元人民币，基础设施建设已完成。其功能主要是适应俄罗斯、蒙古国市场需求，承接国内加工业的转移，吸引国内的资金、技术导向俄罗斯市场，重点发展、引进以轻工纺织产品制造、建筑材料生产、机械设备、机电产品等为主的出口加工业。目前引进的项目有日本三发木业，国内的华山农用拖拉机组装、轻钢结构生产、卫生洁具制造、生物制剂生产等。

① 数据来源：满洲里边民互市贸易区管理委员会。

3. 国际仓储物流业

为全面提升满洲里口岸的国际物流功能，在中俄互市贸易区内建有国际货场项目，集装箱、快运行包、煤炭、矿石、散堆装货物、汽车、化工危险品等多个专业货场现正在全面建设中。其中，汇丰保税物流中心项目已累计投入建设资金 1.04 亿元人民币，一期工程已完工并投入运营，二期续建工程正在筹建。在仓储物流产业发展上，将全力打造功能完备、技术先进、管理科学、通关便捷的国际物流基地。

（二）二连浩特互市贸易区

二连浩特市于 1986 年 3 月被国务院批准为甲类开放城市，内蒙古自治区政府批准二连浩特市为计划单列市。1992 年 7 月，国务院批准二连浩特为全国 13 个沿边开放城市之一。2010 年 5 月，二连浩特市被批准设立边民互市贸易区。[①] 二连浩特市互市贸易区位于中蒙边境我方一侧，是在二连浩特市仓储公司和二连浩特市金桥商城的基础上，经改造后建成的，占地面积约为 1.7 平方公里，整体用铁丝网封闭，总长度为 5000 米。区内设有仓储区、商贸区和交易市场。其中，仓储区的总面积为 22 万平方米，800 平方米的大库有 3 个，商贸区暨金桥商城设有 280 间可供直接使用的商品用屋，整个互市贸易区合计总投资 1000 万元人民币。

---

① 内蒙古自治区政府：《关于同意设立二连浩特市边民互市贸易区的批复》（内政字［2010］84 号），颁布日期：2010 年 5 月 5 日。

二、边民互市贸易的管理运营机制

互市贸易区是允许中蒙、中俄边民开展互市贸易活动的特殊经济区域，享有国家、自治区赋予的优惠政策。

（一）边民互市贸易的管理机制

1. 边民互市贸易的管理机构

为推进边民互市贸易运营，均应成立管理机构，即通常的互市贸易区管理委员会，其成员由市委办公室、政府办公室、商务局、口岸办、边防检查站、海关、检验检疫局、财政局、公安局等部门的领导组成。互市贸易区管理委员会办公室根据市政府授权，履行互市贸易区的组织、日常管理、协调和服务的职能，根据国家政策的变动，及时调整互市贸易区的管理规定，确保互市贸易区规范运转。边防检查站、海关、检验检疫局、商务局在互市贸易区内设立的办事机构，负责入出境事务的管理。互市贸易区实行全封闭管理，分设进出关口，并规定具体的营业时间。

2. 中外人员和货物进出区监管

蒙古国、俄罗斯的公民持护照或边民证，中国边民持边民证、身份证、互市贸易证，可进入互市贸易区。若自带交通工具，凭有效证件，可在联检部门监管下，进入互市贸易区。互市贸易区依法保护中国、蒙古国、俄罗斯的公民的合法权益不受侵犯。蒙古国、俄罗斯的公民应自觉遵守中国的法律、法规、规章，违反相关规定的，依据中国有关规定处罚。

蒙古国、俄罗斯的公民携带的商品通过口岸通道到达查验区后，经边防检查、海关和检验检疫查验，属于边民互市贸易政策允许范围内的商品，方可进入互市贸易区交易。进入互市贸易区存放、交易的商品，必须向海关、检验检疫局申报，经查验后，符合规定的予以放行。

（二）企业收购和边民交易行为规范

有合法经营资格，按照国家给予的边民互市贸易政策的企业，可向互市边民收购经海关先行验放的，由边民带进的限额内的互市商品，但要定期向海关申报收购的数量和有关情况。凡符合《关于边民互市进出口商品不予免税清单的通知》规定的，而且是互市边民带进的在8000元限额内的商品，均属收购范围。

收购企业在互市贸易区外的专门收购功能区设点收购，经互市贸易区管理委员会办公室批准，也可在互市贸易区内直接收购。收购企业收购互市边民带进的限额内的商品时，要充分体现物权转移的事实，边民必须向收购企业提供《边民互市贸易进口货物申报表》。收购企业要以现金或银行支票为支付手段，要设立收购台账，真实、准确、完整地记录和反映收购业务的有关情况。

收购企业要定期向互市贸易区管理委员会办公室和海关申报商品收购的数量和有关情况，集中外运出互市贸易区的收购商品视同边民互市商品同，企业收购的商品统一由互市贸易区管理委员会办公室开具互市商品放行单证。

（三）边民互市贸易的税费征收

中国边民在互市贸易区内交易的商品，每人每日价值在人民币8000元以下的免征进口关税和进口环节税，对超出部分，按有关规定征税。

对进入互市贸易区的边民购买或收购企业收购的商品按照一定比例，收取公用设施有偿使用费，由互市贸易区物业管理企业向入区企业或两国边民收取停车费、仓储费、装卸费等相关费用，各项收费要以物价部门审批标准为依据。①

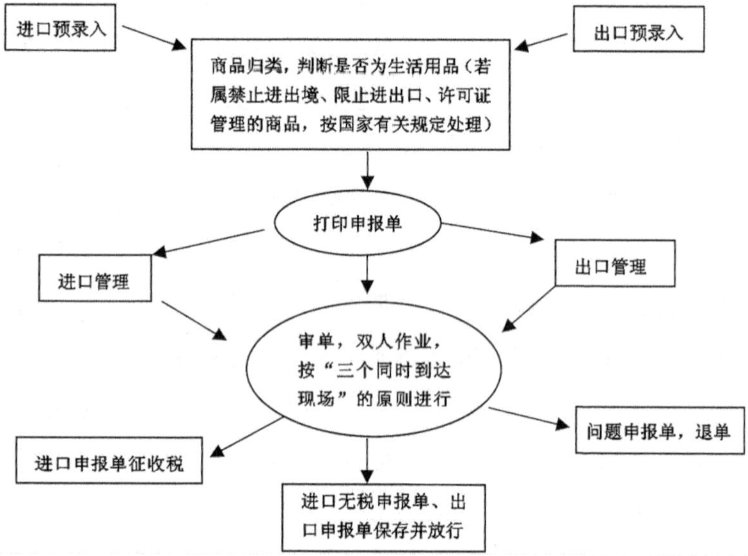

图3－1　边民互市贸易交易流程

---

① 参见二连浩特市商务局：《二连浩特市边民互市贸易区运营机制及收购企业管理办法（征求意见稿）》，颁布日期：2011年2月14日。

三、边民互市贸易运营中存在的问题和困境

中俄、中蒙互市贸易区的辟建，为中俄、中蒙双方毗邻边境地区的交往与合作带来了良好的经济效益和社会效益，促进了双边地区的共同繁荣和发展。2011 年，满洲里互市贸易区主要经济指标如下：财政收入完成 1.46 亿元，同比增长 27.35%；规模以上工业总产值完成 9.12 亿元，同比增长 22.52%；工业增加值完成 2.47 亿元，同比增长 22.5%；销售收入完成 8.35 亿元，同比增长 17.8%；实现利税 1081.9 万元，同比增长 1.5%。① 互市贸易区虽已成为满洲里市、二连浩特市提升对外开放格局的重要区域，但边民互市贸易仍存在着不少问题和困境，主要表现在：

第一，俄罗斯、蒙古国一侧没有相应地开启互市贸易区，导致边民互市贸易的特殊优惠政策大打折扣。

边民互市贸易在内蒙古边境地区并没有如云南、广西等省区那样开展得顺利和繁荣。除了俄罗斯、蒙古国政府不够重视外，俄罗斯和蒙古国出于保护本国相关产业和经济利益的考虑，对互市贸易区的功能定位和发展方向，与我国持不同的观点和态度。此外，俄罗斯、蒙古国的相关产业都先天不足，缺乏甚至没有可与我方交换的商品。中国公民无法到俄罗斯、蒙古国采购物品，国家实施的边民互市 8000 元以下免税的优惠政策无

① 参见满洲里互市贸易区管理委员会：《满洲里互贸区 2011 年工作报告》。

法兑现。中俄两国外交换文确定中俄双方公民进入对方互市贸易区可以免签证。因俄方没有开启相应的互市贸易区，中方边民免签证进入俄罗斯市场的优惠政策也就无法实现。有时俄方还将免签证进入我方区内的成本提高，这样俄方公民免签证进入与以旅游名义进入的成本基本相近，从而实际上变相抵消了这一政策。

第二，我方边民互市贸易区经营和建设推进的难度较大。

免税额度仅限生活用品。与我方互市贸易区相对应的俄罗斯、蒙古国的城镇人口很少，建起的市场难以形成规模，但为建设互市贸易区要投入很多财力，加上海关、边防、工商等方面的人力、物力，投入与产出不成比例，反而造成地方财政支出增加，财政收支矛盾突出。此外，在国际金融危机、俄罗斯经济复苏较为缓慢、我国国内原材料和劳动力成本上升等因素影响下，一些在互市贸易区内落地的项目推进难度大，企业增产扩容的难度较大。

第三，边民互市贸易区将逐渐失去其最初的功能意义和现实需求。

“中俄间边民互市贸易是两国经济落后、商品极度匮乏及边境管理相对宽松时期的产物，也是两国经济结构具有互补性在民间市场上的自然体现。目前这些状况尤其是中国的经济状况发生了极大的转变”①。因为中俄、中蒙边民相互交换的商品绝大多数属于日用消费品和轻工业制品。对我国边境地区居民来

① 曾祥铎：《黑龙江省中俄边民互市贸易区建设初探》，载《黑龙江对外经贸》，2004（1）。

说，我国作为世界工场和出口大国，自身商品完全可以满足边境居民的需要，对俄罗斯日用消费品和轻工业制品不会再有需求。因此，让我国边民费时费力地到俄罗斯采购商品是不现实的，也是不可能的。对于俄罗斯边民来说，近年来俄罗斯市场的商品相对丰富，此外在俄方市场上就建有我国商品的批发市场。因此，从长远来看，俄罗斯边民来我方互市贸易区采购生活、生产用品的人数也会逐渐减少。所以，互市贸易区将逐渐失去其最初的功能意义和现实需求。

四、促进边民互市贸易区运营发展的法制和措施

（一）加强中俄、中蒙区域合作，促进互市贸易区双向开通

目前，蒙古国正在扎门乌德市规划建设面积最大、投资贸易政策最优惠、开放程度最高的自由经济区。我国援助蒙古国的 3 亿美元贷款项目基本得到落实，蒙古国计划将其中的部分贷款用于扎门乌德市的基础设施建设。随着扎门乌德自由经济区的开发建设，中蒙之间的交流、合作和经贸往来将进一步深化。2011 年 12 月，俄罗斯加入世贸组织，从此俄罗斯的对外贸易将在世贸组织游戏规则的约束下，逐步规范化和国际化。中国应抓住俄罗斯入世和蒙古国构建自由贸易区的良好时机，加紧与俄罗斯、蒙古国政府磋商，探讨中俄、中蒙互市贸易区双向开通和深度开放。

令人可喜的是，俄罗斯已向前迈出一步，2011 年 3 月，莫

斯科波多利耶公司与互市贸易区进行了专项工作会谈。该公司表示，俄方一侧的贸工综合体（即俄方的“互贸区”）的建设规划已纳入俄联邦远东新西伯利亚规划建设中，已委托俄罗斯国家城市设计院进行规划设计。同时，两国决定先行开展旅游项目合作，2011 年 9 月，满洲里市在赤塔市与莫斯科波多利耶公司签署了《俄罗斯东大门，后贝加尔斯克—满洲里跨境旅游合作项目合作协议和 2012 年开发建设俄方一侧的旅游基础设施协议。

（二）在我方边民互市贸易区实行更加宽松的政策

“作为传统的中俄边民互市贸易，其传统的东西主要是简便的过境方式、简便的交易方式和简便的管理方式，离开了‘简便’，就不称为互市贸易了。”① 为了促进边民互市贸易的发展，应放宽互市贸易区的经营范围，适当延长互市贸易区的营业时间，延长边民的留居时间。在二连浩特互市贸易区中实行图格里克、人民币和美元的自由流通，在满洲里互市贸易区中实行卢布、人民币和美元的自由流通，提高免税额度到 1 万元以下，开展市内免税经营试点，试行境外旅客购物离境退税政策和国内游客免税购物政策。

国家应加强对边民互市贸易区建设的财政支持力度。可在边境地区专项转移支付资金、对外经济技术合作专项资金、中小企业专项资金、旅游专项发展资金、区域协调发展资金、外

---

① 丁荟语：《从历史轨迹看中俄边民互市贸易的发展》，载《俄罗斯中亚东欧市场》，2003（7）。

贸公共服务平台建设资金等各类国家专项资金的安排上，对满洲里市和二连浩特市实行计划单列并给予重点倾斜，支持其边民互市贸易区的建设。

（三）加快实现边民互市贸易区的转型、升级

边民互市区贸易的商品主要产自江浙一带，当地企业生产的产品较少。在出口过程中，除边民互市贸易区收取部分管理费用外，海关收取的关税百分之百上缴国库，其贸易真正为地方财政收入所作贡献不大。这就要求加快实现互市贸易区的转型升级，实施贸工一体化战略，赋出口加工、转口贸易等功能于互市贸易区，摆脱产品供应不稳定和环境因素多变的影响，保持稳定性和连续性，为地方财政做出更大贡献。实现互市贸易区的转型、升级，可以借鉴云南中缅边境姐告边境贸易区的模式。互市贸易区向着综合保税区和自由贸易区功能转型，是未来互市贸易区发展的可行之路。

第四章 内蒙古边境贸易的司法保障

第一节 内蒙古边境贸易涉外纠纷的现状

近年来，内蒙古外向型经济快速发展，边境贸易市场的边界不断扩展，边境流动人口不断增多，经贸往来日益频繁，参与主体及边境贸易关系日趋复杂，边境贸易纠纷案件呈逐年上升的趋势。据统计，2005 年至 2009 年内蒙古地区的法院接收到的边境贸易案件数量分别为：“2005 年收案 41 件，2006 年收案 52 件，2007 年收案 68 件，2008 年收案 81 件，2009 年收案 90 件。”①

同其他省（区）的边境贸易纠纷的特点相似，内蒙古边境贸易纠纷的合同类型较多，有买卖合同、劳务合同、运输合同、租赁合同、居间合同等，其中买卖合同纠纷案件仍占边境贸易案件的多数。“2005 年至 2009 年内蒙古边境贸易纠纷 332 件案

---

① 徐睿霞：《全区法院边境贸易案件审判工作整体情况通报》，1 页，2011 年 5 月 6 日在内蒙古全区法院中蒙俄边境贸易纠纷理论与实务研讨会上的讲话稿。

件买卖合同有195件，占边境贸易案件总数的58.73%。”[①] 引起纠纷的主要原因有产品质量差、拖欠货款或合同条款不明等。比如二连浩特市与蒙古国之间的边境贸易买卖合同纠纷，一般是当事人从蒙古国购买货物，运输到二连浩特市时，因货物所有权产生纠纷，诉至法院。此外，劳务合同纠纷案件逐年增多。“2005年至2009年内蒙古受理的边境贸易纠纷332件中，劳务纠纷81件，占边境贸易案件总数的24.4%。数量由2005年的2件至2009年的33件，呈逐年增多趋势。”[②]

一、内蒙古边境贸易涉外纠纷产生的原因

（一）从事边境贸易的个体因法律意识淡薄而忽视以法律形式约束责任

在内蒙古从事边境贸易的许多是家族式企业之间，或通过熟人介绍开展贸易业务，相互之间有一定的了解。出于彼此有几分信任的缘由，边境贸易的内容、形式和经营方式不够规范，交易双方习惯采用口头形式或简单款式订立合同，产品质量、履行期限、违约责任等重要条款往往容易被忽视，尤其是缺乏必要的担保，导致在合同履行过程中一旦违约，守约一方的合同期待利益就难以实现。近年来，由于边境贸易竞争较大，为

---

① 徐睿霞：《全区法院边境贸易案件审判工作整体情况通报》，1页，2011年5月6日在内蒙古全区法院中蒙俄边境贸易纠纷理论与实务研讨会上的讲话稿。

② 徐睿霞：《全区法院边境贸易案件审判工作整体情况通报》，1页，2011年5月6日在内蒙古全区法院中蒙俄边境贸易纠纷理论与实务研讨会上的讲话稿。

了争抢俄罗斯、蒙古国的客户，往往在没有任何书面合同或担保的情况下，可以先发货、后打款，这类“赊货”“赌货”现象在一些边境地区已渐成潜规则。当交易中的货款无法回收时，纠纷就因此产生。此外，在满洲里市存在着大量的“打包房”，这些“打包房”相当于国内的快递公司，却常常没有交接手续和货单，经常存在丢货的现象，从而引发纠纷。

（二）非正规的出国劳务容易引起纠纷

我国每年有大批劳务人员在俄罗斯务工，主要从事农业种植、建筑、森林采伐、木材加工、制衣、医疗及其他服务行业。“2009 年中俄双方共签署工程承包、劳务合作合同金额 12.1 亿美元，完成营业额 10 亿美元，期末在外劳务人数 21 457 人。”①

以森林采伐和木材加工为例，由于俄罗斯的原木出口关税政策调整，我国边境地区的原木粗加工的利润空间变小，一些企业和木材商不得不赴俄罗斯与有林片采伐权的公司或个人合作，开办木材加工厂。因俄罗斯人口稀少，劳动力成本高，一般选择在我国内招募有木材采伐、加工经验的劳动力赴俄务工。许多农民工兄弟去俄方提供劳务，未按照规定办理劳务卡（即打工卡，俄方每年给中国名额有限，且办理费用高昂），而是由办理劳务输出的公司负责向境外派遣劳务，并以旅游的名义（如 30 日游）给打工人员办理出国护照，造成这些打工人员非法长期滞留在境外进行劳务活动。

---

① 《中国商务年鉴》编辑委员会编：《中国商务年鉴 2010》，393 页，北京，中国商务出版社，2010。

一般劳资双方很少签订正式合同，对工资福利、劳动保险等较少有明确约定，其工资直接通过银行，汇入国内亲属的账户上，或由国内的亲属到雇主指定的地方领取。灰色的结算方式和复杂的周转程序导致在给付工资时，双方易产生纠纷。另外，也有少数纠纷系雇员在境外发生事故并受伤后，由于出境进行劳务不合法，农民工处于弱势地位，雇主不予支付医药费时，只能在回国后，提起受害赔偿诉讼，维护自己的合法权益。

（三）俄罗斯灰色清关盛行，外贸政策多变，诱发中俄边境贸易纠纷的产生

俄罗斯的灰色清关长期存在有其历史背景。苏联解体后，俄罗斯的商品供应紧张，为鼓励进口，俄罗斯允许所谓的清关公司为货主代办进口业务，并提供运输和清关捆绑式服务。加之，俄罗斯正常的清关时间需要 3 ~ 4 个月，非常不利于服装、食品等时令性商品的销售。因此，货主只要向清关公司交纳所要求的税费，清关公司就会把所有报关手续办好，典型的方式为包机包税。

由于“方便、实惠、省时”，长期以来，通过清关公司一度成为俄罗斯进口的唯一路径，并被各国商人作为抢占俄方市场的无奈手段之一。但是，清关公司在收到进口货商的税费后，往往同部分海关人员串通作弊，予以截留，亦不给货商报关单和税单，于是，本该上缴俄罗斯财政的税收被私吞、瓜分，货物也由“白色”漂成了“灰色”，即最终造成我国的出口货物变成所谓的“走私货”。

俄罗斯外贸政策多变，俄罗斯政府部门不时会突然打击和稽查“走私货物”，每次都以收缴大量钱财而结束，如2009年7月俄罗斯关闭切尔基佐沃大市场事件。

此外，俄罗斯外贸的经营环境较差，经贸主管部门监管乏力。为了收取贿赂，部分边贸官员以产品质量差为由，对中方客户敲诈、勒索，刁难诚实经营边贸的中方人员。俄灰色清关盛行，投资、贸易环境较差，贸易保护较重等原因都增加了中俄边境贸易摩擦的产生。

二、内蒙古边境贸易涉外纠纷的解决途径

目前，解决内蒙古边境贸易涉外纠纷的途径主要有四种：诉讼、仲裁、调解和暴力“讨债”。

（一）诉讼

中俄两国于1992年签署了《关于民事和刑事司法协助的条约》，中蒙两国于1983年《关于民事和刑事司法协助的条约》，就两国的有关民事司法协助进行了详细的约定，应该说在双边相互执行生效的法院判决方面没有法律上的障碍。但在实务中，目前中俄、中蒙边境贸易提请两国法院审理并在判决后申请司法执行的案例较少，主要原因有：

1. 涉外诉讼的程序复杂，周期长且效率低下

从内蒙古边境贸易涉外纠纷有关的案例来看，诉讼周期普遍较长，而且效率低下。造成案件办理期限较长的主要原因是

送达难。由我国向国外送达文书虽然规定了七种送达方式，但是从实际执行情况看，不仅程序繁琐、复杂，送达时间较长，而且送达成功率较低。此外，我国规定若委托律师，只能聘请中国律师，外国律师不能以律师身份参与诉讼。如果在我国境内无住所的外国人委托我国律师或其他人代理诉讼，那么委托书是从我国境外寄交或托交的，一般应经所在国公证机关证明，并经我国驻该国使领馆认证，才具有效力。境外授权委托书公证及认证颇费时日，多经周折。再如，鉴于涉外案件的特殊性，我国规定涉外案件一审、二审的审理期限不受民事诉讼法审理期限的限制，但这是否会出现怠于审理或故意拖延审理等情况呢？上述种种情况最终往往导致边境贸易案件诉讼周期长且效率低下。

2. 涉外案件调查取证困难，事实较难查明

相比国内纠纷，涉外纠纷的调查、取证和认证方面困难较多。对于域外取证，我国主要适用司法机关请求书方式和领事取证。由于域外取证难、认证难，所以经常导致涉外贸易案件的证据不足、外方当事人主体资格不明、事实无法查证和认定不清、损失难以计算等问题。

3. 涉外案件最终执行难、执行成本高

对比国内案件的执行难，涉外案件的执行难上加难。边境贸易案件一般是小额贸易主体，在涉及赔偿的案件中，常会碰到外方当事人在国内没有可执行财产。这样即使胜诉后，也需要申请对方法院协助执行，按国际司法协助程序申请外国法院承认和执行，手续复杂且环节较多。此外，若由个人申请国外

法院执行，还面临着力量单薄、成本极高等问题，最终导致申请执行人的合法权益得不到保障。

（二）仲裁

仲裁是指发生争议的双方当事人，根据其在争议发生之前或争议发生之后所达成的协议，自愿将争议提交中立的第三者进行裁判的争议解决制度和方式。中俄两国都是1958年《承认和执行外国仲裁裁决公约》的成员国，中国国际贸易促进委员会、中国国际商会和俄罗斯联邦工会于1996年签订了《关于商事仲裁的合作协议》，该协议称两国均为《承认和执行外国仲裁裁决公约》的成员国。因此，在双边承认和执行生效的仲裁裁决上不存在法律障碍，但从实际运行来看，面临诸多问题：从贸易实践来看，边境贸易大多纠纷属小额贸易，不具备仲裁的受理条件；国际商事仲裁中的财产保全和证据保全较难；当事人只能持裁决书，直接向有管辖权的外国法院申请承认和执行，个体力量单薄，成本较高，成功执行的几率小；裁决胜诉后的执行程序长。因此，在实践中通过国际商事仲裁解决内蒙古边境贸易涉外纠纷，最终成功的案件数量较少。但仲裁程序充分贯彻了当事人的意思自治原则，且仲裁程序灵活，一裁终局，仲裁应当成为解决内蒙古边境贸易涉外纠纷的有效途径。

（三）调解

调解是解决各种纠纷最原始的非司法途径，是指中俄、中蒙双方企业在发生贸易纠纷后，可选择共同信任的第三方（如中国国际商会或俄罗斯工商会等），通过居间说服、劝导、协商，使争议双方在互谅、互让的基础上，达成和解协议。调解在国际上被称为ADR，以双方当事人的理解与互让为基础，方式灵活多样，时间短、效率高，成本费用低廉，既能解决纠纷，又能避免伤害纠纷双方的情感与信任，非常适合于标的小的边境贸易纠纷，应成为解决边境贸易纠纷的有效和首选的途径。调解在中俄两国有着悠久的历史和传统，目前在中国国际商会系统已建立了36个常设机构、设立了200多个办事处，调解员都是熟悉国际经济贸易的律师、法官和学者。

（四）暴力“讨债”

在俄罗斯，黑社会组织的势力较大，广泛参与和渗透到社会各个领域。近年来，由于解决中俄贸易纠纷的渠道不畅通，所以存在利用黑社会组织进行讨债的现象，主要是中方商人雇用俄罗斯黑社会力量在俄境内讨要货款等，在俄罗斯已经发生了一些因讨债引起的恶性刑事案件。通过不正当手段，甚至暴力讨债，既是两国司法解决渠道和途径梗阻的结果，也是两国司法成本太高的无奈选择，不仅会给两国的经贸往来蒙上阴影，也会给两国的社会秩序带来极大危害。

第二节　解决好内蒙古边境贸易涉外纠纷的法律对策

探寻和完善边境贸易纠纷的解决途径，有助于推动边境经贸合作，提升边境经贸合作的水平，促进边境贸易发展的规范化、法制化。为了有效地解决好内蒙古边境贸易涉外纠纷，应着重做好以下工作：

一、健全和完善内蒙古边境贸易涉外纠纷的解决机制

（一）诉讼

为了使诉讼成为有保障的、便利的和经济上可以接受的救济方式，应完善相应程序和措施，使其在解决边境贸易涉外纠纷中发挥更大的作用。

1. 提高诉讼效率，降低诉讼成本

（1）加强与蒙古国、俄罗斯的国际司法协助

加强与蒙古国、俄罗斯两国间的司法协助，特别要强化送达手段、畅通送达渠道。采用公告方式送达的，除人身关系案件外，可以采取在边境口岸张贴公告的形式。当事人提供了明确的地址或有效的送达线索时，在不违反双边或多边条约的情况下，在法律规范允许的范围内，根据边境地区的特点，可以探索尝试能够确认受送达人已经收悉法律文书的适当送达方法。随着信息社会的发展和通信手段的更新，法院要利用传真、电子邮件等技术在送达实践中便捷、快速的优势，采取灵活多样的送达方式，以缩短送达期限，提高司法文书的送达效率。

（2）把好证据的认定关

在审理涉外案件时，当事人提供的证据系在我国领域外形

成的，应履行相关的公证认证手续，严格要求当事人经所在国公证机关予以公证，并经我国驻该国使领馆予以认证，或履行我国与该所在国订立的有关条约中规定的证明手续。审判人员要及时说明当事人举证的期限，对于当事人在法院作出裁判前，提交的一些涉案的关键性证据，特别是已超过证据规则规定的举证期限的证据，在审查过程中采取灵活措施予以接受和审查，尽量避免因此而导致启动再审程序。在对证据的效力认定上，针对域外公证内容的不同予以区别对待，同时重视当事人的相互质证对正确认定案件法律事实的作用和海关进出口报关数据等相关证据。在中外方当事人没签订合同或因合同数量等条款产生纠纷时，司法机关可调取双方的货物进出口报关档案，了解双方贸易的数量、价格等实际情况。

（3）建立内部审限制度

边境地区的人民法院要积极审理边境贸易涉外纠纷案件，对案件根据实际情况尽快结案，摒弃因无法定审限而懈怠的思想和无故拖延办案的情况，确保案件及时、有效地审结。

（4）加强对边境贸易涉外案件的司法调解

诉讼调解是在法院主持下，诉讼双方当事人依据自愿原则，通过沟通，协商解决他们的纠纷。中俄、中蒙边境贸易大多数经熟人介绍或在熟人之间进行，具有先天的调解基础和自愿化解矛盾纠纷的可能性。诉讼调解基于当事人自愿原则达成解决方案，不仅有利于矛盾的解决，而且可能使以后的交往和贸易存续。因此，要认真贯彻调解优先、调判结合、案结了事的原则，形成贯穿于庭前、庭审、庭后全过程的调解机制，坚持对中蒙、中俄当事人平等对待的原则，合情、合理、合法地做好调解工作。调解过程中确有必要时，可以邀请蒙古、俄罗斯使领馆官员、政府人员、中国贸促会各地方贸促支会、中国国际商会各地方分会协助调解，扩大调解渠道。

2. 完善司法机构和人员配置，方便当事人诉讼，在较小的边境贸易口岸设置派出法庭

审理涉外案件，应积极选派精通蒙汉语、俄汉语且办案经验丰富的法官。双语审判可以取得外方当事人的信任，消除其对我方管辖的抵触心理，便于事实认定，提高办案效率。依据《中华人民共和国民诉法》第 19 条规定，重大涉外民商事案件由中级人民法院管辖，可见，基层人民法院可受理非重大涉外案件。所谓“非重大”，应理解为诉讼标的额较小，当事人数较少，影响较小的涉外民（商）事案件。

但自 2002 年 3 月 1 日起施行的《最高人民法院关于涉外民事案件诉讼管辖若干问题规定》，将原来由各基层法院、中级法院分散管辖的涉外民商事案件的管辖权集中到少数审判力量较强的中级法院和特定基层法院手中。主要内容为“五类涉外案件由五类法院集中管辖，三类不适用”，适用的案件包括涉外合同和侵权纠纷案件，信用证纠纷案件，申请撤销、承认与执行国际仲裁裁决的案件，申请承认和强制执行外国法院民事判决，裁定的案件审查有关涉外民事仲裁条款效力的案件，但不适用于发生在与外国接壤的边境省份的边境贸易纠纷案件、涉外房地产案件和涉外知识产权案件。

为充分发挥人民法院的审判职能，进一步提高我国边境地

区涉外民商事纠纷案件的审判效率，切实做好边境地区涉外民商事审判工作，最高法院于2010年进一步提出，发生在边境地区的涉外民商事案件，争议标的额较小、事实清楚、权利义务关系明确的，可以由边境地区的基层人民法院管辖。[①] 允许边境地区的基层人民法院管辖简单的边境贸易案件，在一定程度上节约了纠纷的解决成本。

按照最高法院的要求，审理涉外民商事案件的法院应成立专门的审判庭，至少应有相对稳定的专门合议庭。在内蒙古边境地区，有的边贸口岸距城中心较远，当事人参与诉讼多有不便。可以考虑在较小边境贸易口岸和边境贸易点设置派出法庭审理边境贸易案件，方便当事人诉讼，有利于法院及时审理案件。同时，最高院应对边境贸易以及边境贸易纠纷案件的范围加以界定，以便各地法院能够对其是否有管辖权做出判断。

3. 在诉讼中加强对案件当事人的诉讼指导

对于边境贸易案件，上级人民法院要全面加强对下级人民法院的审判监督和指导。此外，在审理边境贸易案件时，法官应给予中外当事人必要的诉讼指导。向中外当事人说明有关的诉讼程序、实体法律及权利义务，使当事人能够及时、准确地行使权利。对在我国没有住所，又没有可执行财产的被告提起诉讼，法官应及时告知诉讼风险，有财产的告知及时进行财产

① 参见《最高人民法院关于进一步做好边境地区涉外民商事案件审判工作的指导意见》（法发［2010］57号）。

保全。同时，尽量争取让外方当事人聘请我国律师代理案件，这既有利于保护外方当事人的合法权益，又可减少送达环节，提高诉讼效率。

（二）仲裁

目前，内蒙古边境贸易涉外纠纷极少通过仲裁方式加以解决，并不说明仲裁方式本身存在问题，只是因为我国目前的仲裁方式、模式、规则不能很好适应边境贸易涉外纠纷的解决，因此必须进行适当的调整。

（1）在中蒙、中俄边境贸易口岸地区增设仲裁分会，以适应解决日益增多的边境贸易涉外纠纷的需要。学习俄罗斯公断庭（民间调解贸易争端的机构），在边境地区成立专门的边境贸易争端临时仲裁机构，妥善处理边境贸易争端。同时，建议通过外交渠道促使蒙古国在其边境地区也建立相应的仲裁分会，使仲裁成为解决两国边境贸易涉外纠纷的有力方式。加强与蒙古国和俄罗斯的司法协助，简化申请执行仲裁裁决的程序，降低仲裁裁决的执行成本。

（2）应允许对边境贸易纠纷进行临时仲裁。临时仲裁具有方式灵活、程序简便、费用低廉、审理速度快等优点，且争议双方当事人在决定仲裁员、仲裁地点、法律适用、仲裁规则、仲裁费用等事项上享有充分的自主权，非常适合解决边境贸易涉外纠纷。但根据我国《仲裁法》，在我国境内目前不允许临时仲裁，仲裁必须由常设的仲裁机构进行，这不利于纠纷的迅速解决。需要注意的是，临时仲裁要取得当事人之间的真诚合作，而且没有固定机构的协助和有约束力的仲裁规则的约束，所以必须进行有效的监督和管理。

（三）调解

目前，中俄商会联合调解是解决中俄贸易纠纷案件的有效途径。但是调解在解决边境贸易涉外纠纷中还不能发挥明显的作用，其中最主要的原因在于没有统一的调解机构和调解人员，使得调解的幅度、力度、质量、效率等都大打折扣，远远不能适应边境贸易涉外纠纷的实际需要。为此，要建立健全调解机制，加强行政保护与司法保护的协调、统一，保护中、俄、蒙边境贸易主体的合法权益。

由双边地方政府主管部门出面，成立边境贸易纠纷调解组织（可由双边相应的海关、商检、法院等部门的业务专家和律师等法律工作者组成），成立专门的“中蒙、中俄双边边境贸易调解委员会”，共同制定符合两国法律、商会章程和国际惯例的联合调解规则；确定统一的调解员名单和收费标准；共同研究联合调解成功后，协议的履行事宜；对业已发生的贸易纠纷，通过例会方式，向对方政府、调解组织提供申请的材料，同时督促标准合同的履行，或者为对方提供调解事务的法律帮助；对现行不合理的贸易因素互通信息，以达到互谅互让，避免问题发生。边境贸易调解委员会要与边境地区司法系统加强业务沟通，尽量避免我国边境地区法院受理及执行最终难执行的商事争议。

二、与俄谈判解决“灰色清关”等顽疾问题，最终利用 WTO 争端解决机制处理贸易纠纷

针对俄罗斯长期以来存在的灰色清关问题，中国政府应积极协调，与俄罗斯磋商有效解决办法。首先应明确要求俄罗斯解决和处理其长期存在的灰色清关问题。俄罗斯明明知道这种灰色清关的存在，却长期不加以干预，根据权利或权力的“消洗”理论（欧盟国家的法理学概念，已为多国吸纳），其已经丧失了再干预的权力。“所谓权利或权力的消洗理论，是指当拥有合法权利或权力的人或机构明知自己的权益或管辖对象受侵害却长时期不主张权利或不积极作为，以便制止侵权或违法行为，则从维护法律的明确性与稳定性出发，规定这种权利或权力的行使‘失效’，其受法律保护的有拘束力的‘权位’被‘消洗’并不再受到保护或不再能够合法行使。”①

对于俄罗斯当局在执法过程中哄抬中方商人的货物、未经合法程序限制人身自由等行为，应要求俄罗斯保障其宪法规定的基本人权，如生命权、健康权、财产所有权、人身自由权、尊严不受侵犯权以及人身安全权益等。

2011 年 12 月，俄罗斯正式加入世贸组织，为中俄贸易的顺利发展扫清了不少障碍，世界贸易组织的多边贸易规则应成为双方共同遵守的贸易活动准则。中国应抓住俄方入世的良好时

---

① 黄希韦：《专家解读切尔基佐沃大市场事件，俄罗斯应担共同过错责任》，载法制网，2009－07－30。

机，争取在世界贸易组织多边贸易规则框架内解决问题，与俄谈判、协调解决其高进口关税问题，也可以借助世贸组织法律机制，来维护中方边贸企业的权益。

三、加强对俄、蒙边贸经营者的法制宣传教育，增强与蒙古国、俄罗斯的司法交流

边境贸易主体缺乏法律意识是边境贸易涉外纠纷产生的原因之一。为此，我们应加强法制宣传教育，剖析典型案例、提供法律咨询、有针对性的开展流动普法大讲堂，尤其是加强中俄、中蒙两国的司法协助条约，提高边境贸易主体的法律意识，使边境贸易主体清楚地认识到自己的行为在法律上产生的效力，从而规范交易行为，减少纠纷的产生。教育和引导各类市场主体，使其在产、供、销和劳动用工等环节上，提高防风险意识和应对危机的能力，让更多的边贸经营者了解并逐步学会在对外经营中，应用法律知识来维护自身的权益。

为了从源头上控制货物质量，避免因货物质量产生纠纷，两国边境口岸地区检验检疫部门需要对通过边境的各种产品和货物的质量信息进行相互交流和通报，迅速、有效地查获、截留不合格货物，避免不合格的非法货物跨越边境，从而给两国企业造成损失并引起不必要的纠纷。

加强与蒙古国、俄罗斯的司法交流。我国与蒙古国、俄罗斯的边境贸易发展迅速，但对这两国法律的学习和研究是不够的，特别是对蒙古国、俄罗斯的立法、执法及司法状况

了解较少，这不利于边境贸易案件的审理。因此，有必要加强对蒙古和俄罗斯法律和司法制度的研究。可以通过加强两国法院的互访和交流，派法官到蒙古国和俄罗斯进修学习等途径来实现。

余论：对我国边境贸易立法的思考

新中国成立以来，为了促进边境地区经济和社会发展，发展边境贸易，国家先后制定了多部专门针对或涉及我国边境贸易的法律法规和政策措施。我国的对外贸易和边境贸易政策随着国际经济形势和我国经济水平的变化而调整，相应地，规范我国边境贸易的行政法规和部门规章体现了较大的灵活性和变动性。对此，我国学者认为并且呼吁国务院应该制定统一的边境贸易管理办法，对此笔者有自己的不同思考。

一、我国有关边境贸易的法律法规

目前直接具体规范边境贸易活动的法律法规，除了国务院颁布的为数不多的几个行政法规外，主要以部门规章和规范性文件为主。

（一）行政法规

为鼓励边境地区积极发展与毗邻国家间的边境贸易与经济合作，国务院于 1984 年 12 月颁布了《边境小额贸易暂行管理办法》，首次对边境小额贸易进行界定和规范，使我国的边境贸易走上了规范化、现代化和国际化的轨道。

针对边境贸易出现的新情况，国务院于 1996 年 1 月在《关于边境贸易有关问题的通知》中，对我国边境贸易重新进行了界定并适当调整了贸易政策，指出边境贸易包含边境小额贸易和边民互市两种管理形式。该《通知》给予边境贸易税收优惠政策，其中对边境小额贸易企业规定，除烟、酒、化妆品以及国家规定必须照章征税的商品外，1996—1998 年的进口关税和进口环节税按法定税率减半征收。

2000 年 12 月，国务院发出了《关于实施西部大开发若干政策的通知》，提出：实行更加优惠的边境贸易政策，在出口退税、进出口商品的经营范围、进出口商品配额、许可证管理、人员往来等方面放宽限制，推动我国西部地区同毗邻国家、地区之间相互开放市场，促进与周边国家区域经济技术合作健康发展。

2004 年 3 月，《国务院关于进一步推进西部大开发的若干意见》明确规定：采取有力措施推动西部地区发展对外贸易和经济技术合作，全方位、多形式地扩大与周边国家和地区的经济合作和技术交流，努力开拓国际贸易和边境贸易。

（二）部门规章

部门规章指与外贸工作相关的各部委颁布的有关边境贸易经营管理的规章制度。负责管理边境贸易的部委有商务部（原经贸部）、海关总署、财政部、国家税务总局等。

1991 年 4 月，国务院办公厅转发原经贸部等部门《关于积极发展边境贸易和经济合作，促进边境繁荣稳定意见的通知》，其中规定：边民互市进口的商品，不超过人民币三百元的，免征进口关税和产品税（增值税）；超过人民币三百元的，对超过部分按国家税法规定税率征收进口关税和产品税（增值税）。对烟、酒、化妆品一律照章征税。

1996年3月，原外经贸部和海关总署发布《边境小额贸易和边境地区对外经济技术合作管理办法》，明确了获得边境小额贸易经营权的企业的资格、条件以及边境小额贸易企业的经营范围。同月，海关总署发布了《边民互市贸易管理办法》，该办法对开展边民互市贸易的地点作了详细规定，规定互市地点应设在陆路、界河边境线的附近，由边境省、自治区人民政府批准，各级人民政府有明确的批准权限。

1998年3月，原外经贸部发布了《关于进一步发展边境贸易的补充规定的通知》，扩大了边民互市贸易免税的额度，继续延长对边境小额贸易的优惠，进一步明确了对边境贸易的配额管理，配额发放实行总体切块、地方分配的方式。

2001年8月，国务院西部开发办发布的《关于西部大开发若干政策措施的实施意见》规定：按照国际规则，对边境地区继续实行优惠的边境贸易政策，在出口退税、进出口商品经营范围、进出口商品配额、许可证管理、人员往来等方面，简化手续，放宽限制。

上述这些法规是民族自治地方的自治机关行使对外贸易自治权的重要原则和内蒙古等边境省区开展边境贸易的重要依据，既包含了国家给予边境贸易的特别优惠政策，也反映了国家对民族自治地方经济发展的支持，以及党对少数民族群众生活的关心和兴边富民的期望。“多年实践证明，国家制定的促进和扶持边境经济贸易发展的立法和政策不只是贸易政策，同时是民族政策、扶贫政策、兴边政策和外交政策的重要组成部分。”①

二、没有必要由国务院制定统一的边境贸易管理条例

目前，关于边境贸易的法规主要以部门规章和规范性文件为主，国务院只颁布了《边境小额贸易暂行管理办法》（1984年12月）和《关于边境贸易有关问题的通知》（1996年1月）。因此，有的学者呼吁应由国务院对全国性的边境贸易管理立法，以《边境贸易管理条例》的形式出现，甚至还具体指出：“国务院在立法中要明确边境贸易的管理形式、边贸进出口环节的税收、边境贸易进出口商品的检验、边境贸易动植物的检疫、边境贸易的结算等方面的内容。同时还要考虑这些内容可以直接适用我国已有的相关法规的规定。”②

笔者对上述观点持不同看法，认为没有必要由国务院制定统一的边境贸易管理条例。原因有三：

首先，我国有9个省（区）开展边境贸易，具体情况各有不同，若用一部统一完整的法规来规范管理，很明显是不可能，

---

① 《关于云南省边境小额贸易出口货物以人民币结算办理退税试点工作》，载商务部网站，2009-07-06。

② 陈小华：《少数民族地区边境贸易法律制度研究》，27页，昆明，云南大学硕士学位论文，2005。

也是不现实的。比如，内蒙古对俄罗斯、蒙古国与广西对越南的贸易环境不尽相同，云南对缅甸与新疆对哈萨克斯坦也不尽相同。法律应具有普遍性和通用性，对不同的贸易现象和过程很难用统一的法规来约束。当然各省（区）边境贸易也有其共同之处，但因共性较少，实难以法规构建之。

其次，边境贸易的各个组成环节，如税收、检验检疫、结算等，因为其分工明确、专业性强，所以只能并且已经由专门的法律法规予以规范和安排。边境贸易作为对外贸易的组成部分，大多环节按照相关规定执行即可，无需再重复进行立法。

最后，边境贸易虽有其特殊性，会实行些许优惠政策，但这些政策会因贸易形势和地区状况的变化而不断调整、重定，难以维系法律的稳定性和连续性。

因此，由国务院制定统一的边境贸易管理条例是不科学的。此外，从上面的引言中，我们可以得知《边境贸易管理条例》的具体立法内容包括税收、结算、检验检疫等环节，但随之出现“同时还要考虑这些内容可以直接适用我国已有的相关法规的规定”，这不仅应证了笔者的观点，从逻辑上看，似乎前后也有矛盾之处。

三、内蒙古应充分行使经济自治权，制定更加特殊、灵活的边境贸易政策

民族地区的经济自治权是民族区域自治制度在经济管理上的权利体现和反映。“经济自治权的实质是中央或上级国家机关

与民族自治地方基本经济权限的划分，是国家经济利益和各民族自治地方经济利益的协调与平衡。”① 中央与非民族地区地方政府之间也存在基本经济权限的划分，但是民族地区的经济自治权有更大的灵活性和自主性。民族地区如何充分和有效地利用好管理本民族经济事务的权利，是长期以来困扰民族地区的难题，也是民族地区发展亟待解决的问题。

（一）内蒙古制定更加特殊、灵活的边境贸易政策的法律依据

2001 年 12 月，我国正式加入世界贸易组织。世界贸易组织的一个重要原则是，要求成员国的贸易政策必须无条件地给予其他成员国，与此同时也规定了“例外”条款。《关税与贸易总协定》（GATT1947）第 24 条第 3 款规定：“本协定的规定，不得解释为阻止任何缔约方为便利边境贸易而给予毗连国家的优惠。”《关税与贸易总协定》把边境贸易作为国际贸易中的一种形式，但适用最惠国待遇“例外”按排。即允许一个缔约方在边境贸易上给予毗邻国家特殊优惠或便利，此特殊优惠或便利不适用于边境贸易协定外的 WTO 其他缔约方。当然，边境贸易缔约方应保持必要的克制。

“此类协定的目的应为了便利成员领土之间的贸易，而非提高其他成员与此类领土之间的贸易壁垒；在此类协定形成或扩大时，参加方应最大限度地避免对其他成员的贸易造成不利影响”（《关于解释 1994 年关税与贸易总协定第 24 条的谅解》）。

---

① 匡爱民：《民族自治地方经济自治权及其行使探析》，载《中央民族大学学报》，2005（2）。

可见，边境贸易的出现和发展符合世界贸易组织的宗旨和目的，体现了世界贸易组织关于贸易自由化的基本原则。“根据泰国等国家为发展边境贸易所采取的政策和措施的经验来看，边境两国为发展边境贸易而制定的政策，只要在不损害第三方利益的前提下都可以实施，到目前为止，国际上还没有出现因损害第三方利益而产生的纠纷。”[①] 世界贸易组织允许成员国给予边境贸易更优惠、更便利的待遇，为内蒙古制定更加特殊、灵活的边境贸易政策奠定了国际法基础。

《中华人民共和国宪法》规定：民族自治地方的自治机关在国家计划的指导下，自主地安排和管理地方性的经济建设事业。[②]《中华人民共和国对外贸易法》要求：国家扶持和促进民族自治地方和经济不发达地区发展对外贸易。国家对边境地区与接壤国家边境地区之间的贸易以及边民互市贸易，采取灵活措施，给予优惠和便利。[③]《中华人民共和国民族区域自治法》指出，民族自治地方依照国家规定，可以开展对外经济贸易活动，经国务院批准，可以开辟对外贸易口岸。与外国接壤的民族自治地方经国务院批准，可开展边境贸易，在对外经济贸易活动中，享受国家的优惠政策。[④] 该法还规定：国家制定优惠政策，扶持民族自治地方发展对外经济贸易，扩大民族自治地方生产企业对外贸易经营自主权，鼓励发展地方优势产品出口，

---

① 阿木尔吉力根：《我国边境贸易的发展研究》，226页，北京，民族出版社，2010。

② 参见《中华人民共和国宪法》第一百一十八条。

③ 参见《中华人民共和国对外贸易法》第五十九条、第六十八条。

④ 参见《中华人民共和国民族区域自治法》第三十一条。

实行优惠的边境贸易政策。[①] 以上各部法律赋予了民族自治地方经济自治权，允许民族自治地方制定特殊、灵活的边境贸易政策，或至少可以提供相关立法参考意见，协助国家部委制定边境贸易政策。

（二）内蒙古应充分行使经济自治权，制定更加特殊、灵活的边境贸易政策

“民族自治地方要根据实际情况敢于和善于依法不失时机地请求上级国家机关依法履行职责；敢于和善于依法行使‘变通执行或停止执行’的自治权；敢于和善于依法制定‘变通规定’或‘补充规定’；保障民族自治地方行使经济自治权的行政法规、部门规章以及自治区自治条例等应尽快颁布实施，以促进经济发展。”[②]

《国民经济与社会发展“十二五”规划纲要》中，要求在促进东部地区转型升级的同时，加快中西部地区外贸的发展，即沿边地区要发挥沿边地缘优势，制定和实行特殊开放政策，加快重点口岸、边境城市、边境（跨境）经济合作区和重点开发开放试验区建设，发展面向周边的特色外向型产业群和产业基地。“十二五”规划要求沿边地区实行更加特殊的开放政策。内蒙古应抓住国家良好的政策支持机遇，充分行使经济自治权，制定更加特殊、灵活的边境贸易政策。

---

① 参见《中华人民共和国民族区域自治法》第六十一条。

② 匡爱民：《民族自治地方经济自治权及其行使探析》，载《中央民族大学学报》，2005（2）。

附录 1：

内蒙古对外开放口岸一览表

	口岸名称	运输方式	口岸分类	批准开放机关	开放种类、时间	口岸所在地	俄、蒙对应口岸名称	监管部门
对俄口岸	室韦	公路	1类	国务院	双边性常年开放	呼伦贝尔市额尔古纳市	俄罗斯赤塔州奥洛契	额尔古纳海关、额尔古纳出入境检验检疫局，室韦边检站
	黑山头	公路	1类	国务院	双边性常年开放	呼伦贝尔市额尔古纳市	俄罗斯赤塔州旧粗鲁海图	额尔古纳海关、额尔古纳出入境检验检疫局
	胡列也吐	水运	2类	自治区政府	未正式开放	呼伦贝尔市陈巴尔虎旗	俄罗斯赤塔州凯拉斯堆	由呼和浩特海关代管
	二卡	公路	2类	自治区政府	未正式开放	满洲里市	俄罗斯赤塔州阿巴该图	
	满洲里	铁路	1类	国务院	国际性常年开放	满洲里市	俄罗斯赤塔州后贝加尔斯克	满洲里海关、满洲里出入境检验检疫局、满洲里边检
		公路	1类	国务院口岸办	国际性常年开放	满洲里市		
对蒙口岸	阿日哈沙特	公路	1类	国务院	双边性季节开放	呼伦贝尔市新巴尔虎右旗	蒙古国东方省哈毕日嘎	满洲里海关、满洲里出入境检验检疫局、阿日哈沙特边检站
	额布都格	公路	2类	自治区政府	双边性季节开放	呼伦贝尔市新巴尔虎左旗	蒙古国东方省巴彦胡舒	满洲里海关、额布都格边检站
	阿尔山	公路	2类	自治区政府	国际性季节开放	兴安盟阿尔山市	蒙古国东方省松贝尔	满洲里海关
	珠恩嘎达布其	公路	1类	国务院	国际性常年开放	锡林郭勒盟东乌珠穆沁旗	蒙古国苏赫巴托省毕其格图	东乌海关筹备处、东乌珠穆沁出入境检验检疫局、珠恩嘎达布其边检站
	二连浩特	铁路	1类	国务院	国际性常年开放	二连浩特市	蒙古国东戈壁省扎门乌德	二连浩特海关、二连浩特出入境检验检疫局、二连浩特边检
		公路	1类	国务院口岸办	国际性常年开放	二连浩特市		
	满都拉	公路	2类	自治区政府	双边性季节开放	包头市达尔罕茂明安联合旗	蒙古国东戈壁省杭吉	由呼和浩特海关代管、包头出入境检验检疫局、满都拉边检站
	甘其毛道	公路	1类	国务院	双边性常年开放	巴彦淖尔市乌拉特中旗	蒙古国南戈壁省嘎舒苏海图	乌拉特海关筹备处，乌拉特出入境检验检疫局，甘其毛道边检站

	巴格毛都	公路	2类	自治区政府	未正式开放	巴彦淖尔市乌拉特后旗	蒙古国南戈壁省布敦毛都	
	策克	公路	2类	国务院	双边性常年开放	阿拉善盟额济纳旗	蒙古国南戈壁省西伯库伦	额济纳海关、额济纳出入境检验检疫局、策克边检站
国际航空口岸	呼和浩特白塔国际机场	空运	1类	国务院		呼和浩特市	航班：呼和浩特—乌兰巴托（蒙古）	呼和浩特海关、内蒙古出入境检验检疫局、呼和浩特边检站
	海拉尔东山机场	空运	1类	国务院		呼伦贝尔市海拉尔区	正式航班：海拉尔—赤塔（俄罗斯）、海拉尔—乔巴山（蒙古）	海拉尔海关、呼伦贝尔出入境检验检疫局、海拉尔边检站
	满洲里西郊机场	空运	1类	国务院		满洲里市	满洲里—伊尔库茨克（俄罗斯）、满洲里—赤塔（俄罗斯）	满洲里海关、满洲里出入境检验检疫局、满洲里边检站

a.一类口岸是指允许中国籍和外国籍人员、货物、物品和交通工具直接出入国（关、边）境的海（河）、陆、空客货口岸(国家另有规定的除外)；二类口岸是指仅允许中国籍人员、货物、物品和交通工具直接出入国(关、边)境的海(河)、空客货口岸，以及允许毗邻国家双边人员、货物、物品和交通工具直接出入国(关、边)境的铁路车站，界河港和跨境公路通道。 b.资料来源：内蒙古自治区商务厅。

附录2：

1996—2009年内蒙古口岸货运、客运、交通工具统计表

名称	1996年	1997年	1998年	1999年	2000年	2001年	2002年	2003年	2004年	2005年	2006年	2007年	2008年	2009年
货运量	414.40	403.08	426.51	643.63	814.29	1032.37	1372	1523.34	2180	2700	3025	3320	3340	3736.8
进境货运量	325.17	317.24	344.81	542.72	707.37	914.12	1275	1390.53	2017	2499	2792	2951	2731	3117.6
出境货运量	89.23	85.84	81.70	100.90	106.92	118.35	97	133	163	201	233	369	423	299.9
客运量	90.09	126.35	111.87	115.45	155.01	185.28	223	227	289	336	324	416	411	308.5
交通工具	18.72	20.31	23.06	25.21	28.36	27.30	35	38.31	51.53	60.75	60.5	82	82	74.6
铁路口岸过货量	391.50	384.13	315.39	611.72	563.40	996.39	1323	1423	1934	2353	2711	2817	2723	2905
公路口岸过货量	22.90	18.95	111.12	31.91	27.85	33.83	46	97	242	344	310	488	604	831.8

a. 货运量单位为万吨，客运量单位为万人次，交通工具单位为万列、辆。b. 资料来源：内蒙古自治区商务厅口岸办编：《内蒙古口岸》，2010。

结 语

我国的边境贸易与一般贸易的定义和分类有所区别，只分为边境小额贸易和边民互市贸易两种方式。即边境地区开展的除边民互市贸易以外的上述其他各类边境贸易方式，如边境地区经济技术合作、边境旅游购销贸易、三来一补等其他贸易方式，统称为边境小额贸易，统一纳入边境小额贸易管理，执行边境小额贸易的有关政策。这种分类和界定有利于对纷繁、复杂，但又规模甚小的边境贸易进行统一管理。

我国正在实施新一轮沿边开放战略，进一步扩大西部地区的对外开放程度。内蒙古横贯东北、华北、西北，连接俄罗斯和蒙古国，有着独特的区位优势。在全区 4261 多公里的边境线上，现有对外开放的口岸 19 个，其中对俄开放 6 个、对蒙开放的 10 个，还有 3 个国际航空口岸。对外开放口岸中最主要的是满洲里口岸和二连浩特口岸。12 个旗（市）有边境口岸，其中满洲里市和二连浩特市被国家列为沿边开放城市。有呼和浩特和满洲里两个直属海关。可见，内蒙古拥有较为良好的边境贸易环境和硬件设施。

发展内蒙古边境贸易，可拉动经济增长，推动产业升级；扩大就业机会，促进管理体制创新；打造新的区域经济增长极，加速产业经济合理转移；深化与周边国家的交流、合作，实现睦邻友好。

加快内蒙古边境贸易发展不仅具有必要性，而且具备可行性。我国与俄罗斯、蒙古国在自然资源、劳动力、资本等方面存在着较大的禀赋差异，产业结构具有明显的互补作用。内蒙古与蒙古国贸易发展势头迅猛，2009 年蒙古成为内蒙古的第一大出口国。内蒙古与俄罗斯贸易潜力巨大，2009 年俄罗斯成为内蒙古的第三出口国。俄罗斯、蒙古国对内蒙古的对外贸易影响巨大，俄罗斯远东地区和蒙古国有着非常广阔的市场，内蒙古地区对俄罗斯的边境贸易发展极具潜力。

2005 年以来，内蒙古边境贸易进入缓慢增长的阶段。无论全国边境贸易额还是内蒙古边境贸易量，在相应的外贸总额占比中都非常微弱。内蒙古从 2002 年到 2009 年 GDP 年均增速为 17.6%，增速连续 7 年居全国之首，创造了颇具代表性的“内蒙古模式”。但是边境贸易没有取得相应的发展，规模较小，相对落后，没有发挥出对全区对外贸易的作用和地位，对全区外贸的贡献度有限。大力促进边境贸易和对外贸易发展，是内蒙古经贸发展的必由之路和必然选择。

“边境地区没有形成多元发展、多极支撑的接续替代产业和可持续发展长效机制，缺乏高端产业支撑，企业发展后劲不足”是造成目前内蒙古边境贸易增长缓慢的原因。完善相关法律，以保障和推动边境贸易的健康发展，特别是加快产业升级，促进企业创新，是内蒙古边境贸易发展必须突破的困局和未来发展的方向。

边境贸易的法律制度大多体现在部委规章，尤见于财政部、国家税务总局、国家外汇管理局、海关总署的通知和决定，也见于国务院出台的为数不多的行政法规。新中国成立以来，内蒙古和全国的边境贸易法律政策不断调整、变化，以适应新的经济贸易发展形势。其中最为重要的两个时间节点是1996年和2008年。1996年国务院颁布了《关于边境贸易有关问题的通知》，对我国边境贸易给予界定，并实行进口税收“双减半”政策。2008年的《关于促进边境贸易发展有关财税政策的通知》把边民互市贸易免税额度提高到8000元人民币以下，并采取财政专项转移支付办法支持边境贸易和小额企业发展。

本书试图从法律政策的角度，来探讨内蒙古边境贸易发展的状况和分析内蒙古边境贸易存在的问题，旨在从源头上释放活水、在机制上平添灵活。作为国际贸易的组成部分，边境贸易涉及进出口结算、检验检疫、关税费用、出口加工等环节。本书针对内蒙古的实际情况，探讨了在边境贸易的各个环节制定更加灵活的法律政策的问题。

1. 内蒙古边境贸易金融服务法制：创新金融管理体系，完善本币结算模式。应探索建立区域性国际金融服务中心和开设地方银行；拓宽直接融资渠道，保护合理、合法的民间借贷，全面激活金融市场竞争；中俄中央银行应建立边境贸易清算中心，畅通清算渠道；两国商业银行在对方银行设立双本币账户。

2. 内蒙古边境贸易检验检疫法制：完善边检监管体系，保障边境贸易健康发展。应对边境小额贸易和边民互市贸易实行分级检验检疫管理；推进与周边国家和地区的检验检疫合作，推动边境贸易检验检疫的国际合作与交流；实行中蒙、中俄两国边境“一站式”检验检疫服务。

3. 内蒙古边境贸易财税法制：创新财税管理体制，支持边境贸易发展。建议按照出口退税增长幅度，建立出口退税基数的同步增长机制；落实对边境贸易和边贸企业的专项转移支付政策；推进和完善边境贸易人民币结算出口退税机制；简化边贸企业外汇核销程序。

4. 在边境建立综合保税区的构想：设立综合保税区，实现边境贸易转型、升级。内蒙古人民政府应积极申请设立满洲里综合保税区和二连浩特综合保税区。实现出口加工转型、升级，促进贸工一体化，以支撑边境贸易纵深发展。创新工商管理体系，推进注册资本登记和经营范围登记改革，降低货币出资注册的门槛，增加非货币出资方式，扩大非货币出资范畴，鼓励和引导民间资本投资，贯彻落实“新 36 条”，进一步放宽市场准入。

5. 边民互市贸易区运营法律完善：应加强互市贸易区管理，制定更加灵活的法律措施。加强中俄、中蒙之间的区域合作，促进互市贸易区双向开通；建议放宽互市贸易区的经营范围，提高免税额度，延长留居时间；卢布、图格里克、人民币和美元实现自由流通。

6. 内蒙古边境贸易司法保障：健全和完善边境贸易纠纷解决机制，促进边境贸易健康发展。健全和完善内蒙古边境贸易涉外纠纷的解决机制；加强与俄方政府的磋商，有效解决灰色清关等顽疾问题；最终利用 WTO 争端解决机制处理贸易纠纷，加强对俄、蒙边贸经营者的法制宣传教育，增强与蒙古国、俄罗斯的司法交流。

7. 关于我国和蒙古边境贸易立法的思考：没有必要由国务院制定统一的边境贸易管理条例，但内蒙古应充分行使经济自治权，制定更加特殊、灵活的边境贸易政策。

促进内蒙古边境贸易发展所必须解决的问题是之一是相关法律制度的建立与健全。边境贸易法制建设属于我国总体法制进程的一部分，是我国法制建设的缩影。虽然进展缓慢，但是怀着对未来的美好憧憬，努力追索。此情彼景，使我不禁想到去年岁末到满洲里调研，在严冬中体会着东北的豪爽和热情，也遭遇了社会中常态的冷遇和敷衍。法制如同人生，只有经历默默的艰辛和漫长的追索，才能走向成功的彼岸。总之，边境贸易法律制度的健全在我国任重而道远，许多问题亟待研究和解决。

参考文献

一、工具书

1. 杨振庆主编，中华人民共和国海关总署编．中国海关统计年鉴·2010. 北京：中国海关杂志社，2011.

2. 左铁主编，中华人民共和国海关总署编．中国海关统计年鉴·2009. 北京：中国海关杂志社，2010.

3. 左铁主编，中华人民共和国海关总署编．中国海关统计年鉴·2008. 北京：中国海关杂志社，2009.

4. 左铁主编，中华人民共和国海关总署编．中国海关统计年鉴·2007. 北京：中国海关杂志社，2008.

5. 左铁主编，中华人民共和国海关总署编．中国海关统计年鉴·2006. 北京：中国海关杂志社，2007.

6. 陶济生主编，中华人民共和国海关总署编．中国海关统计年鉴·2005. 北京：中国海关杂志社，2006.

7. 胡敏谦主编，内蒙古自治区统计局编．内蒙古统计年鉴·2011. 北京：中国统计出版社，2011.

8. 胡敏谦主编，内蒙古自治区统计局编．内蒙古统计年鉴·2010. 北京：中国统计出版社，2010.

9. 胡敏谦主编，内蒙古自治区统计局编. 内蒙古统计年鉴·2009. 北京：中国统计出版社，2009.

10. 胡敏谦主编，内蒙古自治区统计局编. 内蒙古统计年鉴·2008. 北京：中国统计出版社，2008.

11. 李斌主编，内蒙古自治区统计局编. 内蒙古统计年鉴·2007. 北京：中国统计出版社，2007.

12. 李斌主编，内蒙古自治区统计局编. 内蒙古统计年鉴·2006. 北京：中国统计出版社，2006.

13. 中国商务年鉴编委会编纂. 中国商务年鉴·2011. 北京：中国商务出版社，2011.

14. 中国商务年鉴编委会编纂. 中国商务年鉴·2010. 北京：中国商务出版社，2010.

15. 中国商务年鉴编委会编纂. 中国商务年鉴·2009. 北京：中国商务出版社，2009.

16. 中国商务年鉴编委会编纂. 中国商务年鉴·2008. 北京：中国商务出版社，2008.

17. 中国商务年鉴编委会编纂. 中国商务年鉴·2007. 北京：中国商务出版社，2007.

18. 中国商务年鉴编委会编纂. 中国商务年鉴·2006. 北京：中国商务出版社，2006.

19. 廖晓淇主编，中国世界贸易组织研究会编. 中国世界贸易组织年鉴·2011. 北京：中国商务出版社，2011.

20. 廖晓淇主编，中国世界贸易组织研究会编. 中国世界贸易组织年鉴·2010. 北京：中国商务出版社，2010.

21. 满洲里市统计局．满洲里市 2010 年国民经济和社会发展统计公报 . 2011.

22. 满洲里市统计局．满洲里市 2009 年国民经济和社会发展统计公报 . 2010.

23. 满洲里市统计局．满洲里市 2008 年国民经济和社会发展统计公报 . 2009.

24. 满洲里市统计局．满洲里市 2007 年国民经济和社会发展统计公报 . 2008.

二、著作类

1. 赵传君．创建中俄自由贸易区问题探索．北京：社会科学文献出版社，2010.

2. 中国社会科学院俄罗斯东欧中亚研究所编．上海合作组织发展报告（2010）．北京：社会科学文献出版社，2010.

3. 内蒙古商务厅口岸办编．内蒙古口岸 . 2010.

4. 成思危主编．从保税区到自由贸易区：中国保税区的改革与发展．北京：经济科学出版社，2003.

5. 阿木尔吉力根．我国边境贸易的发展研究．北京：民族出版社，2010.

6. 杨新华．区域经济学视角下的中国保税区．北京：经济科学出版社，2008.

三、论文类

1. 关于云南省边境小额贸易出口货物以人民币结算办理退税试点工作. http：//www. sina. com. cn，新浪财经，2009－07－06.

2. 安庆文. 内蒙古对蒙边境贸易外汇管理中存在的问题及建议. 内蒙古统计，2007（2）.

3. 白莉. 中哈霍尔果斯国际边境合作中心法律保障现状及完善构想. 新疆社科论坛，2008（6）.

4. 包桂荣. 边境贸易发展中的政策与争端解决机制问题研究. 2011 年 5 月 6 日在内蒙古全区法院中蒙俄边境贸易纠纷理论与实务研讨会上的讲话稿.

5. 陈四平. 进一步发展新疆边境贸易的思考. 中共乌鲁木齐市委党校学报，2010（2）.

6. 陈小华. 少数民族地区边境贸易法律制度研究. 昆明：云南大学硕士学位论文，2005.

7. 丁鹏. 西部大开发中内蒙古自治区边境贸易的立法完善. 前沿，2006（8）.

8. 胡亚梅. 中蒙跨境贸易结算机制的现状及构想. 金融，2010（5）.

9. 刘超. 金融危机形势下满洲里市边境贸易发展研究. 北京：中央民族大学硕士学位论文，2010.

10. 妮卡. 中俄边境贸易发展分析. 北京：对外经济贸易大学硕士论文，2010.

11. 田文丽等．对建立内蒙古与俄蒙边境口岸反洗钱合作机制的探讨．内蒙古金融研究，2010（4）．

12. 邱运红等．黑龙江省对俄贸易的现状特征及促进对策．北方经贸，2010（4）．

13. 刘清文．大兴安岭地区：对俄经济贸易合作园区统计监测分析．统计与咨询，2010（1）．

14. 鞠彦文．制约中蒙过境地区银行结算的因素分析．内蒙古金融研究，2010（4）．

15. 方国志．人民币在中越边境贸易中计价结算情况调查．区域金融研究，2009（1）．

16. 于峰，苏利德．内蒙古中俄边境贸易本币结算进展缓慢的成因调查．北方经济，2009（3）．

17. 马东黎．内蒙古边境贸易的金融支持研究．北京：中央民族大学硕士学位论文，2009.

18. 胡殿刚．满洲里市对俄边贸研究．北京：中央财经大学硕士学位论文，2009.

19. 张志权等．中俄边境贸易中结算问题研究．科技创业，2009（1）．

20. 郭志芳．内蒙古边境贸易研究．呼和浩特：内蒙古农业大学硕士学位论文，2008.

21. 马亲．内蒙古边境贸易与经济发展的经验分析．武汉：中南民族大学硕士学位论文，2008.

22. 格根托雅．内蒙古边境贸易发展研究．北京：中央民族大学硕士学位论文，2008.

23. 张漫堪．内蒙古边境贸易国际结算业务银行面临的风险及控制模式．呼和浩特：内蒙古大学硕士学位论文，2008.

24. 潘峰．中俄边境贸易争端解决机制研究．哈尔滨：哈尔滨工程大学硕士学位论文，2008.

25. 江建能．我国对俄边境口岸物流发展问题研究．北京：北京交通大学硕士学位论文，2008.

26. 常文娟．人民币国际化与边境贸易之思考．北方经贸，2008（9）.

27. 王忠海．内蒙古自治区对蒙古国边境贸易发展探讨．呼和浩特：内蒙古大学硕士学位论文，2007.

28. 冠琼．内蒙古边境贸易与经济发展研究——以满洲里和二连浩特为例．呼和浩特：内蒙古师范大学硕士学位论文，2007.

29. 张曙碧．内蒙古自治区与蒙古国边境贸易发展研究．呼和浩特：内蒙古大学硕士学位论文，2007.

30. 宋刚．中俄边境贸易的现状分析和发展建议．北京：对外经济贸易大学硕士学位论文，2007.

31. 贺建军．内蒙古自治区边境贸易对策与建议．北方经济，2007（2）.

32. 黄菊英、张丽淑．西藏自治区边境贸易发展现状研究．现代商贸工业，2008（11）.

33. 黄林．西藏自治区边境贸易的法律保障分析．黑龙江对外经贸，2009（2）.

34. 黄则力．当前我国边境贸易检验检疫的法律困境．中国检验检疫，2007（4）.

35. 久买端智. 浅谈新疆边境贸易的优势及存在的问题. 现代商业，2009（5）.

36. 李玫. 论“境内关外边境贸易区”的法律地位——以云南姐告边境贸易区为例. 暨南大学学报，2007（2）.

37. 罗琳，程敏. 中国边境贸易政策体系：演变与挑战. 云南财经大学学报，2010（4）.

38. 石峡. 发挥边界经济地理正效应，拓展创新中越边境贸易. 中国与东盟，2007（1）.

39. 史春平. 我国的西部开发与法制建设. 华章，2007（12）.

40. 宋才发. 民族自治地方对外贸易自治权再探讨. 内蒙古财经学院学报，2007（1）.

41. 宋才发. 民族自治地方贸易管理自治权再探讨. 贵州民族研究，2007（1）.

42. 索菲娅. 老挝—中国边境贸易法律制度研究. 武汉：武汉大学硕士学位论文，2007.

43. 田开谷. 我国保税港区法律制度研究. 重庆：西南政法大学硕士学位，2010.

44. 张小玲. 我国建立自由贸易园区法律问题研究. 海口：海南大学硕士学位论文，2010.

45. 卓碧蓉. 我国海关特殊监管区转型中管理体制问题研究. 上海：华东理工大学硕士学位论文，2011.

46. 蔡茜. 我国保税区监管法律制度研究. 重庆：重庆大学优秀硕士学位论文，2011.

47. 李海东．关于在中俄沿边口岸建立保税区问题的研究．哈尔滨：黑龙江大学硕士学位论文，2009.

48. 陈飞乐．我国保税港区税收优惠政策法律问题研究．重庆：西南政法大学硕士学位论文，2011.

49. 凌喜新．我国保税区税收优惠政策研究．北京：中国人民大学硕士学位论文，2008.

50. 石苗苗．我国内陆保税港区法律问题研究．重庆：西南政法大学硕士学位论文，2010.

51. 陈杨．我国保税港区法律问题研究．重庆：西南政法大学硕士学位论文，2010.

52. 池上莎．保税区税收法律制度及区内海事服务相关税收法律制度研究．上海：复旦大学硕士学位论文，2011.

53. 王克林，伦志．新疆边境贸易的特征、影响因素与对策研究．新疆大学学报，2009（5）．

54. 徐杰．构建中俄东部边境自由贸易区的设想．商业经济，2008（10）．

55. 徐睿霞．全区法院边境贸易案件审判工作整体情况通报．2011 年 5 月 6 日在内蒙古全区法院中蒙俄边境贸易纠纷理论与实务研讨会上的讲话稿．

56. 许浩明．专家解读切尔基佐沃大市场事件，俄罗斯应担共同过错责任．法制网，发布时间：2009 - 07 - 30.

57. 杨强，张焰．云南省边境贸易发展的现状及对策．管理观察，2009（16）．

58. 于小琴．浅析中俄口岸边境贸易发展动态——以满洲里、绥芬河口岸为例. 俄罗斯中亚东欧市场，2007（10）.

59. 苑新丽. 关于促进边境贸易发展有关财税政策的通知解读. 国际商报，2008-12-29.

60. 张志权等. 中俄边境贸易中结算问题研究. 科技创业，2009（1）.

61. 赵元笃. 广东省建立应对技术贸易壁垒的预警体制和防护体系研究. 广东技术师范学院学报，2010（2）.

62. 周小川. 提供银行结算便利，促进边境贸易发展. 中国外汇管理，2004（10）.

63. 朱宇兵. 发展广西与越南服务贸易的对策思考——基于CAFTA《服务贸易协议》视角的分析. 改革与战略，2009（8）.

64. 朱玉福.《西部开发促进法》与民族立法的衔接探讨. 广西民族研究，2006（1）.

65. 张子君. 内蒙古对俄口岸本币结算进展缓慢的调查. 内蒙古金融研究，2008（2）.

四、法律法规类

1. 中华人民共和国宪法.

2. 中华人民共和国对外贸易法.

3. 中华人民共和国海关保税港区管理暂行办法.

4. 中华人民共和国海关法.

5. 中华人民共和国民族区域自治法.

6. 国家发改委. 东北振兴“十二五”规划. 2012年3月22

日发布.

7. 最高人民法院. 关于人民法院为防范化解金融风险和推进金融改革发展提供司法保障的指导意见. 颁布日期：2012 年 2 月 21 日.

8. 八部委. 关于促进电子商务健康快速发展有关工作的通知. 2012 年 2 月 6 日颁布实施.

9. 国务院. 边境小额贸易暂行管理办法. 颁布日期：1984 年 12 月 20 日.

10. 国务院. 关于边境贸易有关问题的通知（国发［1996］2 号）. 实施日期：1996 年 4 月 1 日，颁布日期：1996 年 1 月 3 日.

11. 外经贸部，海关总署. 边境小额贸易和边境地区对外经济技术合作管理办法. 实施日期：1996 年 4 月 1 日，颁布日期：1996 年 3 月 29 日.

12. 外经贸部和海关总署. 关于进一步发展边境贸易的补充规定的通知. 实施日期：1999 年 1 月 1 日.

13. 财政部，国家税务总局. 关于以人民币结算的边境小额贸易出口货物试行退（免）税的通知》（财税［2003］245 号）. 生效日期：2004 年 1 月 1 日，失效日期：2010 年 3 月 1 日.

14. 财政部，国家税务总局. 关于以人民币结算的边境小额贸易出口货物试行退（免）税的补充通知（财税［2004］178 号）. 失效日期：2010 年 3 月 1 日.

15. 关于边境地区一般贸易和边境小额贸易出口货物以人民币结算准予退（免）税试点的通知（财税［2010］26 号）

16. 内蒙古自治区边境地区一般贸易和边境小额贸易出口货物以人民币结算出口退（免）税管理办法（试行）（［2010］第4号）.

17. 中国人民银行，财政部，商务部，海关总署，税务总局，银监会．关于跨境贸易人民币结算试点管理办法（［2009年］10号）．生效日期：2009年7月1日，颁布日期：2009年7月1日.

18. 财政部．边境地区专项转移支付资金管理办法（财预［2006］62号）.2006年4月29日发布.

19. 财政部．边境地区专项转移支付资金管理办法（财预［2007］59号）.2007年5月14日发布.

20. 财政部．边境地区专项转移支付资金管理办法（财预［2009］3号）.2009年3月31日发布并执行.

21. 财政部，发改委．关于公布取消和停止征收100项行政事业性收费项目的通知．颁布日期：2008年11月13日，实施日期：2009年1月1日.

22. 财政部，海关总署，国家税务总局．关于促进边境贸易发展有关财税政策的通知（财关税［2008］90号）．实施日期：2008年11月1日，颁布日期：2008年10月30日.

23. 国家外汇管理局．关于我国与俄罗斯等独联体国家边境小额贸易外汇管理有关问题的通知（汇发［2002］88号）．颁布日期：2003年9月22日，实施日期：2003年10月1日.

24. 国家外汇管理局，国家税务总局，海关总署．关于货物贸易外汇管理制度改革试点的公告（［2011］第2号）.

25. 国家进出口商品检验局. 边境贸易进出口商品检验管理办法. 实施日期：1993 年 6 月 1 日，颁布日期：1993 年 4 月 22 日.

26. 国家质量监督检验检疫总局. 边境贸易出入境检验检疫管理办法（试行）》（国质检［2009］36 号）.

27. 国务院. 关于同意建立中俄满洲里—后贝加尔斯克边民互市贸易区的批复. 国函［1992］32 号.

28. 内蒙古自治区政府. 关于同意设立二连浩特市边民互市贸易区的批复（内政字［2010］84 号），2010 年 5 月 5 日发布.

29. 二连浩特市商务局. 二连浩特市边民互市贸易区运营机制及收购企业管理办法（征求意见稿）. 2011 年 2 月 14 日发布.

后 记

论文即将定稿，看着近一年余的心血浇铸之作，不禁掩卷沉思，追昔抚今。承蒙匡导不弃，择我于“顽石”之中。短短三载，学识难得之机会，人生重要之转折。期间，徜徉过国图，奔走到北大，伴读于自习，饱读在林间。多几份收获，有些许遗憾，虽未达到理想预期，但让我的求索寻知梦想得以圆现。

《诗经》云：“惟桑与梓，必恭敬止。”对待恩师又何尝不是如此呢？感谢我的导师匡爱民教授，能拔我于淤泥之外，让我这棵红莲茁壮成长，成型莲藕与菱角。受教于名师之侧，惠泽于儒雅之间，感谢徐中起、李鸣、熊文钊、乔世明、苏钦、田艳等教授对我学业的指导与点拨，他们的智慧和学识启迪了我的灵感，开阔了我的视野。此时此刻，更加惦记对本书写作给予莫大支持的满洲里海关缉私局的张弘弢局长、缉私处的纪学武处长和金刚科长；满洲里外经贸局外贸科郭海涛科长、前任李宇飞局长；建设银行满洲里支行国际业务结算部的高跃洲主任；内蒙商务厅口岸办李春生主任；二连浩特商务局外贸科王利峰科长；满洲里法院的吴晓丹法官；满洲里世龙贸易有限公司的孙震总经理。还有许多人，我不再一一提及，是他们的热情和信任鼓舞了我的理想和追求，让我这个孤独的求学者和追梦人在满洲里的严冬踏雪前行，扣问真理与现实。感谢与我同窗共读的各位师兄、学妹，如切如磋、如琢如磨、耳濡目染、沉潜涵泳。一份友谊，可谓亲切；一种力量，何止感到。

《诗经》云：凤凰鸣兮，于彼高岗；梧桐生矣，于彼朝阳。感谢我的家人和内蒙古师范大学的领导们，多年来对于我漫长求学之路的支持与鼓励，让俺“偷”得这份“轻闲与自在”，虽已“大龄”，仍为学生。正值砥柱，有背责任，愧疚之心，无心言表！当然会铭记培养我的中央民族大学法学院，我的一生将深深地烙上母校的印迹，你的荣誉与发展将会牵动着我的心弦。

三年博览穷搜，仍有疑团未解，还没能精研、审慎、博深、透熟，但学人取宏用精，刻意追求之志，未尝尽也！

三年，晃眼过隙。巾短情长，是以为记。

2012 年 4 月 8 日

中央民大 4 号公寓 220 室

图书在版编目（CIP）数据

边境贸易发展法律保障研究：以内蒙古自治区为例/张时空著．—北京：民族出版社，2019.12

ISBN 978-7-105-13239-3

Ⅰ.①边… Ⅱ.①张… Ⅲ.①边境贸易-法律保护-研究-内蒙古 Ⅳ.①D927.260.229.54

中国版本图书馆 CIP 数据核字（2014）第 118328 号

边境贸易发展法律保障研究：以内蒙古自治区为例

著　　者：张时空
策划编辑：张宏宏
责任编辑：向　征
封面设计：金　晔
出版发行：民族出版社
社　　址：北京市东城区和平里北街 14 号　　邮编：100013
网　　址：www. mzpub. com
印　　刷：北京中石油彩色印刷有限责任公司
经　　销：各地新华书店
版　　次：2019 年 12 月第 1 版　2019 年 12 月北京第 1 次印刷
开　　本：880 毫米×1230 毫米　1/32
字　　数：160 千字
印　　张：7.25
定　　价：25.00 元
ISBN　978-7-105-13239-3/D·2583（汉 394）

该书若有印装质量问题，请与本社发行部联系退换。
编辑室电话：010-64228001　发行部电话：010-64224782